MEDITAÇÕES METAFÍSICAS

O livro é a porta que se abre para a realização do homem.

Jair Lot Vieira

DESCARTES

MEDITAÇÕES METAFÍSICAS

TRADUÇÃO E NOTAS

Edson Bini

Estudou filosofia na Faculdade de Filosofia,
Letras e Ciências Humanas da USP.
É tradutor há mais de 40 anos.

APRESENTAÇÃO

Fábio Abreu dos Passos

Graduado em filosofia
pela Universidade Federal de São João del-Rei.
Mestre e Doutor em filosofia
pela Universidade Federal de Minas Gerais.

edipro

Grafia conforme o novo Acordo Ortográfico da Língua Portuguesa.

1ª edição, 2ª reimpressão 2024.

Editores: Jair Lot Vieira e Maíra Lot Vieira Micales
Produção editorial: Fernanda Rizzo Sanchez
Tradução e notas: Edson Bini
Revisão: Marilena Vizentin
Projeto gráfico e editoração eletrônica: Estúdio Design do Livro
Arte da capa: Studio Mandragora

Dados Internacionais de Catalogação na Publicação (CIP)
(Câmara Brasileira do Livro, SP, Brasil)

Descartes, René, 1596-1650.

Meditações metafísicas / Descartes ; tradução e notas Edson Bini ; apresentação Fábio Abreu dos Passos. – São Paulo : Edipro, 2016.

Título original: Méditations métaphysiques.

Bibliografia.

ISBN 978-85-7283-953-2

1. Metafísica I. Bini, Edson. II. Passos, Fábio Abreu dos. III. Título.

15-07593 CDD-110

Índice para catálogo sistemático:
1. Metafísica : Filosofia : 110

EDITORA AFILIADA

edipro

São Paulo: (11) 3107-7050 • Bauru: (14) 3234-4121
www.edipro.com.br • edipro@edipro.com.br
@editoraedipro @editoraedipro

Sumário

Apresentação

René Descartes, nascido em 31 de março de 1596, na cidade de La Haye, na França, e falecido em Estocolmo, na Suécia, em 11 de fevereiro de 1650, possui uma obra de grande envergadura e é considerado um dos filósofos modernos mais expressivos em razão das inúmeras visitas, comentários e interpretações que seus escritos recebem.

Descartes, o "pai fundador da filosofia moderna", é autor de quatro importantes obras: *Regras para a direção do espírito* (1628); *Discurso sobre o método* (1637); *Geometria* (1637) e *Meditações metafísicas* (1641). É sobre esta última que desejamos lançar luz, não no intuito de construir um raciocínio analítico que tenha como escopo fundamental sintetizar as reflexões das seis meditações que a compõem, mas no intento de refletir sobre o alcance e a profundidade dessa obra basilar, que aparece aos olhos dos que se dispõem a realizar um estudo filosófico como uma leitura imprescindível. As *Meditações metafísicas* devem ser compreendidas como um dos pilares de sustentação da filosofia moderna, sendo que não se restringem a refletir sobre as problemáticas de seu tempo por um viés racionalista, mas são capazes de influenciar não somente autores contemporâneos à sua publicação, bem como autores que estão distante mais de trezentos anos em relação à sua epifania.

A obra é composta de seis meditações, as quais, em seu conjunto, possuem um objetivo básico: fundar as ciências sobre bases sólidas, inquestionáveis. As meditações cartesianas têm, nessa perspectiva, o intuito de primeiramente desfazer os alicerces que até então sustentavam o edifício das ciências, que, no entendimento de René Descartes, eram princípios mal assegurados e, portanto, duvidosos e incertos. Esses princípios rejeitados por Descartes estavam alicerçados ora em percepções sensíveis, as quais não nos dotam da certeza indubitável, pois elas em muitas ocasiões nos enganam, ora em crenças matemáticas, que podem ser colocadas em dúvida, caso haja um "gênio maligno"* que nos faça acreditar que todas as operações matemáticas, apesar de constantes e invariáveis, não são verdadeiras.

Nessa esteira argumentativa, Descartes, nas primeiras meditações, procura desfazer os antigos prejuízos que sustentavam a ciência para, posteriormente, de posse de uma verdade primeira que fosse capaz de resistir mesmo diante de todo tipo de argumentação contrária, edificar o edifício da ciência sobre bases inabaláveis. Essa verdade primeira é a certeza da existência do eu epistemológico, ou seja, do *cogito*, do fato

* A utilização de Descartes do artifício do "gênio maligno" radicaliza a dúvida e faz com que se duvide, a princípio, de todo tipo de verdade que até então se considerava indubitável, mas que não estava devidamente justificada. Sobre isso, conferir a *Primeira Meditação*.

de que se penso, logo existo. Essa é a primeira verdade inquestionável, a partir da qual haverá um desdobramento das demais verdades, inclusive da existência do mundo material.

A verdade inquestionável do *cogito ergo sum* vai ao encontro de uma problemática que constantemente circunda as reflexões da teoria do conhecimento: a tentativa de responder à pergunta acerca do que difere um conhecimento verdadeiro de uma mera opinião. Essa problemática aponta na direção de haver, no âmago da epistemologia, a necessidade de se fomentarem crenças justificadas que sejam sustentáveis diante de argumentos céticos. Esses argumentos céticos, por meio de uma crítica às filosofias dogmáticas, apontam para a impossibilidade de o homem obter uma crença a respeito das verdades últimas ou dos princípios primeiros que alicerçam o conhecimento humano.

A justificação epistêmica é baseada em provas, em razões que justifiquem a adesão humana a uma determinada crença. Assim, estar justificado epistemologicamente é ter indícios suficientes para crer, para afirmar que "sei que P". A justificação epistêmica, portanto, é o que distingue o conhecimento de uma mera opinião verdadeira, que não tem fundamento teórico para ser verdadeira, mas se baseia apenas em conjecturas.

Uma problemática em torno da obtenção de justificação para nossas crenças é a questão do regresso epistêmico, formulado primeiramente por Sexto Empírico, cético pirrônico do fim do século II d.C., que pode ser esquematicamente apresentado da seguinte forma: um sujeito S está justificado em crer em P (onde P é uma proposição qualquer), e essa crença de S depende de uma segunda proposição Q. Se essa relação continuar sendo seguida, então a justificação da crença de S em Q deve depender da crença em R e assim por diante.

O fundacionismo epistêmico aparece como uma alternativa para esse regresso infinito, na medida em que se fomenta uma crença básica que constitui as fundações da pirâmide do conhecimento e a concomitante justificação das demais crenças não básicas. Assim, a justificação das crenças não básicas depende das crenças básicas que lhes servem de apoio. Nessa franja argumentativa, os fundacionistas procuram sustentar que as crenças básicas constituem a evidência primeira, o primeiro elo da cadeia de certezas a partir da qual todas as demais são justificadas por meio de um movimento inferencial, no qual se parte da premissa básica para se alcançar uma conclusão indubitável, uma vez que a crença básica possui caráter infalibilista.

O *cogito* cartesiano, que deve ser compreendido como a primeira certeza na cadeia de certezas, formulado na *Segunda Meditação* e que fornece a segurança indubitável de nossa existência, aparece em uma perspectiva fundacionista como uma crença básica, que possui uma infalibilidade, ou seja, são crenças que sustentam sua própria verdade. Isso se deve ao fato de que, sendo algumas crenças compreendidas como básicas, uma vez que estas resistiram à prova da dúvida metódica e radical, provando sua resistência ao erro, as demais proposições, que são derivadas dela, são incorrigíveis, isto é, não podem ser colocadas em dúvida, pois estão alicerçadas em uma crença básica infalível.

Se o *cogito* cartesiano é absolvido pelo fundacionismo, que no âmbito da epistemologia aparece como uma possibilidade de justificação do conhecimento, a *Sexta Meditação* expõe uma problemática que se apresenta como fio condutor de uma discussão que será levada a cabo pela filosofia da ciência: a distinção/relação entre mente e corpo.

Assim, em Descartes, o problema mente-corpo constitui-se em uma tópica central de seu pensamento, que perpassa vários argumentos contidos nas seis meditações, mas que se concentra, de maneira explícita, na *Sexta Meditação*. Essa temática influenciou várias concepções epistemológicas e tem vários desdobramentos na filosofia contemporânea, especialmente para a chamada filosofia da mente.

A distinção cartesiana da mente em relação ao corpo deve ser compreendida como uma concepção que está em flagrante contenda em relação à concepção platônica e aristotélica-tomista acerca dessa temática. Isso se deve ao fato de que Platão admitia uma união da alma com o corpo no sentido fraco, uma vez que para esse pensador o corpo se constituía como um mero veículo para a alma. Já a concepção aristotélica, que foi apreendida por Tomás de Aquino, aponta para o fato de que a união mente e corpo é do tipo hilomórfico, na medida em que alma e corpo constituem uma única substância, onde a alma e o corpo são complementares, sendo a alma a parte formal inerente ao corpo.

Nessa perspectiva, a concepção cartesiana de mente e corpo, que encontra seu ponto nevrálgico na *Sexta Meditação*, procura demonstrar a união entre duas substâncias cujas propriedades essenciais são diversas e, por esse motivo, se repelem. Para René Descartes, o homem é um composto de alma e corpo, de duas substâncias que são, por sua própria natureza, essencialmente distintas, uma vez que o corpo é sempre divisível e o espírito inteiramente indivisível. Nesse sentido, Descartes diz que

> [...] efetivamente quando considero meu espírito, isto é, eu mesmo enquanto sou somente uma coisa que pensa*, não posso nele distinguir nenhuma parte, concebendo-me, porém, como uma coisa única e íntegra. E ainda que todo o espírito pareça estar unido a todo o corpo, todavia, um pé, ou um braço, ou qualquer outra parte sendo separada de meu corpo, é certo que por isso de meu espírito nada será retirado. E não se pode dizer propriamente das faculdades volitiva, de querer, de sentir, de conceber etc., que são suas partes, pois o mesmo espírito dedica-se na suta totalidade a querer, e também na sua totalidade a sentir, a conceber etc.**

Nesse viés, mente e corpo, embora possuam naturezas distintas, se relacionam, já que no homem há

---

* *c'est-à-dire moi-même en tant que je suis seulement une chose qui pense.*

** DESCARTES, *Meditações metafísicas*, Sexta Meditação.

um conjugado muito estreito dessas duas substâncias: a mente compõe com o corpo um único todo, pois os sentimentos de sede e fome nada mais são do que maneiras confusas de pensar que provêm e dependem da união do espírito com o corpo, sem, contudo, haver uma subsunção de uma substância pela outra.

As recepções que as *Meditações metafísicas*, de René Descartes, tiveram – seja no interior do fundacionismo epistêmico, seja na querela referente à questão da distinção/relação mente e corpo – apontam na direção de que essa obra deve ser compreendida como um verdadeiro clássico. Mas o que nos dota da certeza de que a obra de um autor deve ser apreendida como um clássico? O que nos autoriza a adjetivar uma obra filosófica como um "verdadeiro clássico?"

Quando detectamos a existência de alguns indícios, tais como o fato de um determinado autor e sua obra serem compreendidos como autênticos intérpretes do seu tempo, se eles instigam novas leituras e releituras, bem como se possuem uma grande amplitude heurística de seus conceitos, pode-se dizer que estamos diante de um pensador clássico, autor de uma obra clássica, que extrapola o âmbito de seu momento de escrita e perdura como um marco direcionador de inúmeras outras reflexões.

Esses indícios são detectados com "clareza e distinção" nas *Meditações metafísicas*, de René Descartes, as quais convidam o leitor para realizar um passeio pelas páginas de um texto basilar da história da filosofia. Esta obra possui, como expomos, interpretações díspares desde sua publicação, no ano de 1641, muitas delas estando para além da própria escrita de Descartes em suas *Meditações*. É exatamente por haver essas variantes interpretativas que podemos asseverar a profundidade, o alcance e a riqueza de uma obra singular que tanto influenciou o pensamento filosófico.

FÁBIO ABREU DOS PASSOS

Graduado em filosofia pela Universidade Federal de São João del-Rei (2003). Mestre (2008) e Doutor (2013) em filosofia pela Universidade Federal de Minas Gerais. Professor da Universidade Federal do Piauí (Departamento de Filosofia da UFPI), pesquisador da Fundação Nacional do Desenvolvimento do Ensino Superior Particular (FUNADESP), membro do corpo editorial da revista *Saberes Interdisciplinares* (IPTAN), membro do corpo editorial da Revista *Espaço Acadêmico* (online), da Universidade Estadual de Maringá. É autor do livro *O conceito de mundo em Hannah Arendt*: para uma nova filosofia política (2014), bem como de vários artigos e capítulos de livros, com destaque em uma resenha sobre as *Meditações metafísicas* de René Descartes, publicada no número 13 da revista *Saberes Interdisciplinares*. e-mail: fabreudospassos@gmail.com

Epístola dedicatória

Aos senhores decanos e doutores da Sagrada Faculdade de Teologia de Paris

Senhores,

A razão que me impele a apresentar-vos esta obra é tão justa (e no momento em que vierdes a conhecer seu propósito estou certo de que tereis também uma razão igualmente justa para acolhê-la em vossa proteção), que penso que o melhor a fazer dentro do que posso para torná-la a vós, de algum modo, recomendável, é dizer-vos em poucas palavras ao que nela me propus. Sempre considerei serem estas duas questões, a saber, as referentes a Deus e à alma, as principais entre aquelas que devem preferivelmente ser demonstradas antes pelas razões da filosofia que da teologia, ainda que nos baste, a nós, fiéis que somos, crer na existência de um Deus mediante a fé, e que a alma humana não perece com o corpo; não parece, decerto, possível poder persuadir os infiéis de qualquer religião, nem mesmo até de nenhuma virtude moral se não se principia por provar-lhes essas duas coisas mediante a razão natural. E considerando-se que nesta vida se oferece frequentemente maiores recompensas para os vícios do que para as virtudes, poucas pessoas prefeririam o justo ao útil caso não fossem contidas nem pelo temor de Deus nem pela expectativa de outra vida. E ainda que seja absolutamente verdadeiro que é necessário crer que há um Deus, por ser assim ensinado nas Santas Escrituras, e por outro lado, que é necessário crer nas Santas Escrituras porque estas provêm de Deus, e isto porque sendo a fé uma dádiva de Deus, aquele mesmo que concede a graça para fazer crer nas outras coisas, também a pode conceder para nos fazer crer que ele existe, não se poderia, entretanto, propô-lo aos infiéis, que poderiam pensar ter sido cometido nisso o erro que os lógicos cometeriam ao nomearem um círculo. E, em verdade, tomei cuidado para que vós, senhores, com todos os teólogos, não se certificassem apenas de que a existência de Deus pode ser provada pela razão natural, mas também que se infere da Santa Escritura que seu conhecimento é muito mais claro do que aquele que se possui de muitas coisas criadas, e que efetivamente é tão fácil que os que não o possuem são culpados. É o que se evidencia segundo estas palavras em *Sabedoria*, 13, onde é dito que "sua ignorância não é perdoável, pois se seu espírito avançou tanto no conhecimento das coisas do mundo, como é possível que não hajam descoberto mais facilmente o Senhor soberano?". E em *Romanos*, 1, é dito que são inescusáveis. E ainda no mesmo lugar, pelas palavras: "O que é conhecido de Deus está neles manifesto", parece sermos advertidos de que tudo aquilo que é possível saber de Deus pode ser mostrado por razões que não há necessidade de procurar em outro lugar senão em nós mesmos e que nosso espírito por si só é capaz de nos fornecer. Eis a razão de eu ter pensado não ser despropositado mostrar aqui por quais meios isso pode ser realizado e qual caminho deve ser encetado para atingir o conhecimento de Deus com mais facilidade e certeza do que conhecemos as coisas deste mundo.

E, no que respeita à alma, ainda que muitos tenham acreditado não ser fácil conhecer sua natureza, tendo alguns até mesmo ousado dizer que as razões humanas persuadiam-nos que ela morria com o corpo e que só havia a Fé a nos ensinar o contrário, na medida em que o Concílio de Latrão, que ocorreu sob Leão X, na sessão 8, os condena e ordena expressamente aos filósofos cristãos que respondam a seus argumentos e empreguem todas as forças de seus espíritos para que a verdade seja revelada, positivamente atrevi-me a empreendê-lo neste escrito. E mais, ciente de que a razão principal que leva muitos ímpios a não desejarem crer que há um Deus e que a alma humana é distinta do corpo consiste em dizerem eles que ninguém até aqui pôde demonstrar essas duas coisas; isto ainda que eu não compartilhe da opinião deles, sustentando, ao contrário, que quase todas as razões fornecidas por tantas grandes personalidades no que se refere a essas duas questões são demonstrações, se bem entendidas, e que é quase impossível inventar novas: se é o caso de eu crer que não se poderia nada fazer de mais útil na filosofia do que buscar a uma vez com disposição curiosa e cuidadosa as melhores e mais sólidas demonstrações, e ordená-las de maneira tão clara e tão exata que se firme doravante para todos que se trata de demonstrações verdadeiras. E, enfim, na medida em que muitas pessoas desejaram isso de mim, conhecedoras do fato de que cultivei certo método para a resolução de todos os tipos de dificuldades nas ciências (método que verdadeiramente não é novo, nada existindo de mais antigo do que a verdade, mas do qual sabem ter eu me servido com muito êxito em outras oportunidades), pensei ser meu dever tentar qualquer coisa sobre esse assunto.

Ora, trabalhei tanto quanto possível para compreender neste tratado tudo o que acerca disso se pode dizer. Não que eu haja aqui reunido todas as diversas razões que se poderia apresentar para servirem de prova a nosso objeto, pois jamais acreditei ser isso necessário, salvo quando delas não haja nenhuma que seja certa; limitei-me a tratar das primeiras e principais de tal modo a me permitirem a ousadia de propô-las como demonstrações muito evidentes e muito certas. Direi, ademais, que são tais a ponto de me autorizarem a não pensar haver nenhuma via pela qual pudesse o espírito humano jamais descobrir melhores; com efeito, a importância do assunto e a glória de Deus, à qual tudo isso se vincula, me obrigam aqui a falar um pouco mais livremente de mim do que de costume. Entretanto, no que respeita a qualquer certeza e evidência que descubro em minhas razões, não posso me persuadir de que todos sejam capazes de entendê-las. Mas é tal como na geometria, onde destas há muitas que nos foram legadas por

Arquimedes[1], Apolônio[2], Papo[3] e por muitos outros, que são aceitas por todos como muito certas e muito evidentes por não conterem nada que, tomado separadamente, seja de difícil compreensão, e por não haver lugar algum em que as consequências não se ajustem e não se harmonizem muito bem com os antecedentes; entretanto, por serem um tanto longas e exigirem uma inteligência em sua totalidade, são compreendidas e entendidas apenas por poucas pessoas: do mesmo modo, ainda que considere que aquelas de que me sirvo aqui igualem, e mesmo superem em certeza e evidência as demonstrações de geometria, apreendo, todavia, que não é possível serem suficientemente entendidas por muitos, por serem também um tanto longas e mutuamente dependentes, e principalmente porque exigem um espírito inteiramente livre de todos os preconceitos e capaz de facilmente dissociar-se da relação dos sentidos. E, na verdade, não se encontram no mundo tantos que sejam aptos às especulações metafísicas quanto aptos às especulações da geometria. Ademais, há ainda a seguinte diferença, a saber, na geometria cada um, advertido da opinião de que nela nada se propõe que não possua uma demonstração certa, aqueles que não são nela totalmente versados pecam muito mais frequentemente ao aprovarem falsas demonstrações, a fim de mostrarem que têm delas entendimento, do que ao refutarem as verdadeiras. Não é o que ocorre na filosofia, em que, crendo cada um que todas as suas proposições são problemáticas,

---

1 Arquimedes de Siracusa (287-212 a.C.), matemático.
2 Apolônio de Perga (século II a.C.), matemático.
3 Papo de Alexandria (século III-IV d.C.), matemático.

são poucas as pessoas que se devotam à busca da verdade; e mesmo muitos, no desejo de adquirir a reputação de grandes inteligências, dedicam-se exclusivamente a combater arrogantemente as verdades mais aparentes.

Eis porque, Senhores, qualquer vigor que possam possuir minhas razões, por pertencerem à filosofia, não tenho a esperança de que produzam um grande efeito sobre os espíritos, a menos que as tomeis sob vossa proteção. Sendo tão grande o apreço que têm todos por vossa companhia, e o nome da Sorbonne possuindo tal autoridade que, não apenas no que diz respeito à Fé, depois dos sagrados Concílios, jamais nos submetemos ao julgamento de nenhuma outra companhia como também no que diz respeito à humana filosofia, crê cada um não ser possível encontrar em outra parte maior firmeza e conhecimento, nem maior prudência e integridade para emitir um julgamento; não duvido, se vos dignardes a conceder atenção a este escrito, quanto à vossa vontade de primeiramente corrigi-lo, pois, estando ciente não só de minha imperfeição como também de minha ignorância, não ousaria garantir que nele não haja quaisquer erros, para em seguida a ele acrescentar as coisas que lhe faltam, aperfeiçoar as que não estão perfeitas, tendo vós mesmos o trabalho de fornecer uma explicação mais ampla àquelas que disso carecem, ou, ao menos, advertir-me quanto a isso para que eu trabalhe nesse sentido; e, enfim, após as razões pelas quais provo que há um Deus e que a alma humana é distinta do corpo terem sido conduzidas a um ponto de clareza e evidência, ponto ao qual asseguro que se pode conduzi-las, de modo que deverão ser consideradas como demonstrações muito exatas, desejardes declarar isso mesmo e o testemunhar publicamente: não duvido – eu o digo – que se isso for feito, todos os erros e falsas opiniões que sempre existiram com respeito a essas duas questões logo serão apagados do espírito humano, pois a verdade fará com que todos os eruditos e pessoas inteligentes aprovem vosso julgamento e vossa autoridade, situação em que os ateus, que são geralmente mais arrogantes do que eruditos e judiciosos, se despojarão de seu espírito de contradição, ou talvez sustentarão eles próprios as razões que verão serem aceitas por todas as pessoas inteligentes por demonstrações, receosos de que pareça não possuírem inteligência no que se refere a elas; e, enfim, todos os outros capitularão facilmente ante tantos testemunhos, e não haverá mais ninguém que se atreva a duvidar da existência de Deus e da distinção real e verdadeira entre a alma humana e o corpo.

Cabe a vós agora julgar no tocante ao fruto que brotaria dessa crença se fosse ela uma vez bem estabelecida, vós que vedes as desordens produzidas pela dúvida em torno dela; mas eu não seria aqui polido se recomendasse, ademais, a causa de Deus e da Religião àqueles que sempre foram dela os mais sólidos pilares.

Resumo das seis meditações que se seguem

Na primeira apresento as razões pelas quais estamos capacitados a duvidar, no geral, de todas as coisas, e, em particular, das coisas materiais, ao menos na medida em que tivermos nas ciências apenas os fundamentos de que dispomos até este momento. Ora, embora a utilidade de uma dúvida tão geral não se mostre de início, é, todavia, muito grande no que toca a isso, a ponto de nos livrar de todas as espécies de preconceitos, e nos preparar um caminho facílimo para habituar nosso espírito a se dissociar dos sentidos e, enfim, impossibilita que possamos ter mais alguma dúvida do que descobriremos posteriormente ser verdadeiro.

Na segunda, o espírito, que fazendo uso de sua própria liberdade supõe que todas as coisas não têm uma existência com respeito à qual tenha a menor dúvida, reconhece, entretanto, ser absolutamente impossível ele próprio não existir, o que é, também, de imensa utilidade na medida em que, por esse meio, ele facilmente distingue entre as coisas que lhe pertencem, isto é, à natureza intelectual, e aquelas que pertencem ao corpo. Mas, porque pode acontecer de alguns esperarem de mim nesse ponto razões que visam a provar a imortalidade da alma, considero dever adverti-los agora de que, tendo tentado nada escrever neste tratado para o que não tivesse demonstrações muito exatas, me vi forçado a seguir uma ordem análoga àquela de que se servem os geômetras, nomeadamente apresentar de antemão todas as coisas das quais depende a proposição que é objeto de busca antes de concluir alguma coisa dela.

Ora, o que se requer primeira e principalmente antes de se conhecer a imortalidade da alma é formar dela uma concepção clara e nítida e inteiramente distinta de todas as concepções que se possa ter do corpo, o que foi trealizado naquele ponto. É necessário, além disso, saber que todas as coisas que concebemos clara e distintamente são verdadeiras segundo as concebemos, o que não foi possível provar antes da quarta Meditação. Ademais, é preciso ter uma concepção distinta da natureza corpórea, concepção que é formada, em parte, nessa segunda e, em parte, na quinta e sexta Meditações. E, enfim, devemos concluir de tudo isso que as coisas concebidas clara e distintamente como sendo substâncias diferentes, como se concebe o espírito e o corpo, são efetivamente substâncias diversas e realmente distintas umas das outras, sendo isso o que se conclui na sexta Meditação. E na mesma isso também é confirmado, ou seja, que não concebemos nenhum corpo senão como divisível, enquanto *o espírito, ou a alma humana*[4], só se

4 *l'esprit, ou l'âme de l'homme.*

pode conceber como indivisível, pois, com efeito, não podemos conceber a metade de nenhuma alma, como podemos fazer com o menor de todos os corpos; resulta que suas naturezas não são apenas reconhecidas como diversas, mas mesmo, de algum modo, como contrárias. Ora, é necessário que saibam que não me ocupei em nada mais dizer neste tratado acerca disso, tanto porque isso basta para mostrar com bastante clareza que a morte da alma não se segue à corrupção do corpo e, assim, para proporcionar aos seres humanos a esperança de uma segunda vida após a morte; como também porque as premissas a partir das quais a imortalidade da alma pode ser concluída dependem da explicação de toda a física: primeiramente, com a finalidade de saber que geralmente todas as substâncias, isto é, todas as coisas cuja existência é impossível sem serem criadas por Deus, são, de acordo com sua natureza, incorruptíveis e nunca podem deixar de ser se não forem reduzidas ao nada por esse mesmo Deus que queira a elas negar sua ajuda ordinária. Em seguida, para que se observe que, sendo o corpo, considerado no geral, uma substância, também é isto razão de ele não perecer; mas que o corpo humano, na medida em que difere dos demais corpos, é formado e composto de apenas certa configuração de membros e de outros acidentes semelhantes; a alma humana, ao contrário, não é, assim, composta de quaisquer acidentes, sendo sim uma substância pura. Com efeito, ainda que todos seus acidentes se alterem – por exemplo, conceba ela certas coisas, queira ela outras, sinta ela outras etc. – é, entretanto, sempre a mesma alma, enquanto o corpo humano não é mais o mesmo, bastando para isso que a figura de algumas de suas partes se encontre mudada, do que se conclui que o corpo humano pode facilmente perecer, mas que o espírito ou a alma humana (o que eu não distingo[5]) é, por sua natureza, imortal.

Na terceira Meditação, parece-me ter explicado suficientemente, e sem resumir, o principal argumento de que me sirvo para provar a existência de Deus. Contudo, para que o espírito do leitor pudesse abstrair os sentidos mais facilmente, não quis servir-me nesse ponto de nenhuma comparação tirada das coisas corpóreas, de modo que talvez muitas obscuridades tenham aí permanecido, as quais (como espero) serão inteiramente esclarecidas nas respostas que concedi às objeções que me foram depois apresentadas. Por exemplo, é bastante difícil entender como a ideia de um ser soberanamente perfeito, ideia que se encontra em nós, contém tanta realidade objetiva, isto é, participa por representação de tantos graus de ser e de perfeição que deve necessariamente originar-se de uma Causa soberanamente perfeita. Mas eu o esclareci nessas respostas pela comparação com uma máquina bastante artificial cuja ideia se acha no espírito de qualquer operário, pois, como o artifício objetivo desta ideia deve ter alguma causa, nomeadamente a ciência do operário, ou de algum outro do qual ele a haja aprendido, do mesmo modo é impossível que a ideia de Deus, que está em nós, não tenha Deus mesmo por sua causa.

---

5 *ce que je ne distingue point*: para Descartes, espírito, mente (*esprit*) e alma (*âme*) são idênticos. Consultar *Apresentação* do Prof. Fábio neste mesmo volume.

Na quarta é provado que as coisas que concebemos com muita clareza e distinção são todas verdadeiras; ao mesmo tempo, é explicado em que consiste a razão do erro ou falsidade, o que deve necessariamente ser sabido, tanto para ratificar as verdades precedentes como para entender melhor as que se seguem. Mas, todavia, é de se observar que de modo algum trato nesse lugar do pecado, isto é, do erro que se comete na busca do bem e do mal, mas somente daquele que acontece no juízo e discernimento do verdadeiro e do falso; e que não pretendo aí discorrer sobre as coisas que pertencem à fé, ou à conduta na vida, porém, somente sobre aquelas que dizem respeito às verdades especulativas e conhecidas exclusivamente mediante a ajuda da luz natural.

Na quinta, além de ser explicada a natureza corpórea considerada em geral, é novamente demonstrada a existência de Deus mediante novas razões, nas quais, todavia, pode-se deparar com algumas dificuldades que serão, entretanto, resolvidas nas respostas às objeções que me foram feitas; e também nela se descobre de que modo é verdadeiro que a própria certeza das demonstrações geométricas depende do conhecimento de um Deus.

Enfim, na sexta Meditação distingo a ação do entendimento daquela da imaginação; as marcas dessa distinção estão descritas nessa Meditação. Nela mostro que a alma humana é realmente distinta do corpo e, contudo, que está a ele tão estreitamente ligada e unida que com ele compõe como se fosse uma mesma coisa. Todos os erros provenientes dos sentidos são aí expostos, incluindo os meios de se evitá-los. E, enfim, forneço aí todas as razões a partir das quais se pode concluir pela existência das coisas materiais; não que eu as julgue muito úteis para provarem o que provam, nomeadamente que há um mundo, que os seres humanos possuem corpos e outras coisas semelhantes que jamais foram colocadas em dúvida por nenhum homem de bom senso, mas porque, ao considerá-las de perto, passa-se a saber que não são tão sólidas nem tão evidentes quanto aquelas que nos conduzem ao conhecimento de Deus e de nossa alma, do que decorre que estas são as mais certas e as mais evidentes que podem tocar ao conhecimento do espírito humano. E é tudo que pretendi provar nessas seis Meditações, o que me leva a omitir aqui muitas outras questões, às quais também me referi ocasionalmente neste tratado.

MEDITAÇÕES REFERENTES À FILOSOFIA PRIMEIRA[6], NAS QUAIS A EXISTÊNCIA DE DEUS E A DISTINÇÃO REAL ENTRE A ALMA E O CORPO DO HOMEM SÃO DEMONSTRADAS

6 Descartes utiliza a terminologia aristotélica (πρωτη φιλοσοφια [*prote filosofia*]) para designar a metafísica.

Primeira Meditação

DAS COISAS QUE SE PODEM PÔR EM DÚVIDA

Já há algum tempo que me dei conta de que desde meus primeiros anos aceitara por verdadeiras muitas falsas opiniões, e de que aquilo que desde então fundei com base em princípios tão mal assegurados somente podia ser muito duvidoso e incerto, de maneira que era necessário dispor-me seriamente uma vez em minha vida a desfazer-me de todas as opiniões que aceitara até então em minha crença e reiniciar totalmente a partir dos fundamentos, se quisesse estabelecer algo de sólido e de estável nas ciências. Mas, parecendo-me essa empresa muitíssimo importante, aguardei atingir uma idade que fosse tão madura que não pudesse esperar outra depois dela em que estivesse mais apto para a executar, o que fez com que a adiasse por tanto tempo que a partir de agora acreditaria estar cometendo um erro se empregasse ainda para deliberar o tempo que me resta para agir.

Agora, portanto, que meu espírito está livre de todas as preocupações e que consegui o repouso assegurado por uma serena solidão, eu dedicar-me-ei séria e livremente a aniquilar em geral todas minhas antigas opiniões. Ora, para alcançar essa meta não será necessário provar que elas são todas falsas, algo que talvez eu não viesse a findar jamais, mas, na medida em que a razão já me persuade de que não devo menos cuidadosamente impedir-me de dar crédito às coisas que não são inteiramente certas e indubitáveis do que fazê-lo com respeito àquelas que nos parecem manifestamente ser falsas, o menor motivo de dúvida que nelas encontrarei bastará para levar-me à rejeição de todas. E para isso não é necessário que eu as examine cada uma em particular, o que seria um trabalho infinito, mas porque a ruína das fundações arrasta necessariamente consigo todo o resto do edifício, enfrentarei primeiramente os princípios, sobre os quais estavam apoiadas todas minhas antigas opiniões.

Tudo o que aceitei até o presente como o mais verdadeiro e certo, aprendi-o dos sentidos ou pelos sentidos: ora, algumas vezes experimentei serem esses sentidos enganadores, e é prudente nunca se fiar inteiramente naqueles que uma vez nos enganaram.

Mas ainda que os sentidos nos enganem às vezes no que diz respeito às coisas pouco sensíveis e muito distanciadas, existem talvez muitas outras das quais não se pode razoavelmente duvidar, embora as conheçamos por meio deles: por exemplo, que eu esteja aqui, sentado junto ao fogo, vestido com um roupão, tendo este papel entre as mãos e outras coisas desta natureza. E como poderia eu negar que estas mãos e este corpo aqui me pertencem? Só o faria se talvez me comparasse a esses loucos cujo cérebro está a tal ponto perturbado e ofuscado pelos negros vapores da bílis que se mantêm assegurando que são reis quando são paupérrimos; que estão trajados de ouro e de púrpura quando estão completamente nus; ou imaginam que são cântaros ou que possuem um corpo de vidro. Mas o que é isso? São loucos e eu não seria menos extravagante se me pautasse por seus exemplos.

Todavia, tenho aqui que considerar que sou humano e, portanto, costumo dormir e representar-me em meus sonhos as mesmas coisas (ou por vezes coisas menos verossímeis) que esses loucos ao acordarem. Quantas vezes sucedeu-me de sonhar à noite que estava neste lugar, que estava vestido, que estava junto ao fogo, ainda que estivesse totalmente nu em meu leito? Parece-me positivamente no presente que não é com olhos adormecidos que contemplo este papel; que esta cabeça que movo não está semiadormecida; que é com intenção e propósito deliberado que estendo esta mão e que a sinto: o que ocorre no sono não parece tão claro nem tão distinto do que tudo isso. Mas ao pensar meticulosamente nisso recordo-me de haver sido frequentemente enganado quando dormia por semelhantes ilusões. E detendo-me nesse pensamento, vejo tão claramente que não há indícios conclusivos nem marcas suficientemente certas com base nos quais se possa distinguir nitidamente a vigília do sono que fico completamente pasmo com isso; e meu pasmo é tal a ponto de ele ser quase capaz de me persuadir que durmo.

Suponhamos, portanto, agora que estamos adormecidos e que todas essas particularidades, nomeadamente que abrimos os olhos, que movemos a cabeça, que estendemos as mãos, e coisas semelhantes, não passam de falsas ilusões; e pensemos que talvez nossas mãos, bem como todo nosso corpo, não são tais como os vemos. Contudo, é preciso ao menos admitir que as coisas que nos são representadas no sono são como quadros e pinturas, podendo somente ser formadas com base na semelhança de alguma coisa real e verdadeira; e que assim, ao menos, essas coisas gerais, nomeadamente olhos, uma cabeça, mãos e todo o resto do corpo não são coisas imaginárias, e sim verdadeiras e existentes. Porque os pintores, verdadeiramente, mesmo que se empenhem com máxima engenhosidade para representar sereias e sátiros mediante formas bizarras e extraordinárias, não podem, no entanto, atribuir-lhes formas e naturezas inteiramente novas, mas se limitam a fazer certa mescla e composição dos membros de vários animais; ou então, se talvez a imaginação deles for bastante extravagante para inventar alguma coisa tão nova que não se assemelha a nada que jamais tenhamos visto, resultando que sua obra nos representa uma coisa puramente simulada e absolutamente falsa, certamente, no mínimo, as cores com as quais eles a compõem devem ser verdadeiras.

E por idêntica razão, ainda que essas coisas gerais, nomeadamente olhos, uma cabeça, mãos e outras semelhantes, possam ser imaginárias, é necessário, entretanto, admitir que existem coisas ainda mais simples e mais universais que são verdadeiras e existentes, de cuja mescla, nem mais nem menos do que daquela de quaisquer cores verdadeiras, todas essas imagens das coisas residentes em nosso pensamento (sejam verdadeiras e reais, sejam simuladas e fantásticas) são formadas. A natureza corpórea pertence geralmente a esse tipo de coisas, bem como sua extensão; juntamente a figura das coisas extensas, sua quantidade ou grandeza e seu número, como também o lugar onde estão, o tempo que mede sua duração e outras coisas semelhantes.

Eis a razão, talvez, de, a partir disso, não concluirmos insatisfatoriamente se dissermos que a física, a astronomia, a medicina e todas as demais ciências dependentes da consideração das coisas compostas são extremamente dúbias e incertas, mas que a aritmética, a geometria e as outras ciências deste gênero, que tratam apenas de coisas muitíssimo simples e muitíssimo gerais, sem se preocuparem muito se estão na natureza ou não, encerram algo de certo e indubitável. Com efeito, esteja eu desperto ou adormecido, a soma do dois ao três formará sempre o número cinco e o quadrado jamais terá mais de quatro lados; e não parece possível que verdades tão aparentes possam ser objeto de suspeita de qualquer falsidade ou incerteza.

Todavia, faz muito tempo que tenho em meu espírito certa opinião, nomeadamente que há um Deus onipotente e pelo qual fui criado e produzido tal como sou. Ora, quem pode assegurar-me que esse Deus não tenha feito de modo a não haver nenhuma terra, nenhum céu, nenhum corpo extenso, nenhuma figura, nenhuma grandeza, nenhum lugar e que, entretanto, tenha eu as sensações de todas essas coisas e que tudo isso não me pareça existir diferentemente daquilo que vejo? E mesmo, como julgo às vezes que os outros se equivocam até nas coisas que pensam saber com máxima certeza, pode acontecer de ele ter querido[7] que eu me engane sempre que realizo

7 *qu'il ait voulu,* que ele tenha querido, isto é, Deus.

a adição do dois ao três, ou que conto os lados de um quadrado, ou que emito juízo sobre algo ainda mais fácil, se é possível imaginar alguma coisa mais fácil do que isso. Mas talvez Deus não haja querido que eu fosse enganado desse modo, uma vez que se diz ser ele soberanamente bom. Contudo, fosse isso repugnante à sua bondade, ou seja, ter-me feito de tal modo que eu me enganasse sempre, também pareceria lhe ser absolutamente contrário permitir que me engane às vezes sem que eu, entretanto, possa duvidar que o permita.

Haverá, neste caso, talvez, pessoas que preferirão negar a existência de um Deus tão poderoso a crer que todas as outras coisas são incertas. Mas não os contrariemos agora e suponhamos, a favor deles, que tudo aquilo que é dito aqui de um Deus seja uma fábula. Todavia, de qualquer modo que suponham que cheguei ao estado e ao ser de que sou possuidor, quer o atribuam a algum destino ou fatalidade, quer o relacionem ao acaso, quer queiram que se constitua por uma contínua sequência e conexão das coisas, é certo que, a considerar que falhar e enganar-se são uma espécie de imperfeição, quanto menos poderoso for o autor que atribuirão à minha origem, tanto mais será provável que sou a tal ponto imperfeito que me engano sempre. A essas razões certamente nada tenho a responder, mas sou obrigado a confessar que, de todas as opiniões que eu outrora aceitara em minha crença como verdadeiras, não há entre elas nenhuma de que não possa agora duvidar, isto não devido a nenhuma imprudência ou irreflexão, mas devido a razões muito incisivas e maduramente consideradas. Disso resulta ser necessário que eu me detenha e suspenda doravante meu juízo acerca desses pensamentos, e que não lhes atribua mais crédito do que o faria às coisas que me parecessem evidentemente falsas se desejo encontrar algo de estável e certo nas ciências.

Não basta, porém, ter feito essas observações. É preciso, além disso, que tome eu cuidado no sentido de delas me recordar, pois essas opiniões antigas e ordinárias retornam ainda frequentemente ao pensamento, o uso longo e familiar que tiveram comigo lhes conferindo o direito de ocupar meu espírito contra minha vontade e de se tornarem quase que senhoras de minha crença. E nunca perderei o costume de aquiescer a elas e de nelas confiar, na medida em que as considerarei tais como são efetivamente, nomeadamente que de alguma maneira são duvidosas, como acabei de mostrar, e, todavia, muitíssimo prováveis; resulta se ter muito mais razão para nelas se crer do que para negá-las. Eis a razão porque penso que delas farei um uso mais prudente se, assumindo um partido contrário, esforço-me maximamente para enganar a mim mesmo, simulando serem todos esses pensamentos falsos e imaginários, até que tendo de tal modo equilibrado meus preconceitos a ponto de incapacitá-los a fazer pender minha opinião mais para um lado do que para o outro, meu juízo não seja mais a partir de então dominado por maus usos e desviado do caminho reto capaz de conduzi-lo ao conhecimento da verdade. Com efeito, estou seguro, entretanto, de que nessa via não pode haver perigo nem erro, e que não poderia hoje fazer uma excessiva concessão à minha desconfiança, pois agora não se trata de agir, mas apenas de meditar e conhecer.

Suporei, então, que há não um verdadeiro Deus, que é a fonte soberana de verdade, mas certo gênio maligno, tão astucioso e enganador quanto poderoso, que empregou toda sua engenhosidade para me enganar. Pensarei que o céu, o ar, a terra, as cores, as figuras, os sons e todas as coisas externas que vemos são apenas ilusões e enganos dos quais ele se serve para surpreender minha credulidade. Considerarei a mim mesmo como não possuindo mãos, olhos, carne, sangue, como destituído de quaisquer sentidos, mas crendo falsamente possuir todas essas coisas. Permanecerei obstinadamente preso a esse pensamento, e se por esse meio não está em meu poder chegar ao conhecimento de nenhuma verdade, ao menos está em meu poder suspender meu juízo. Eis porque tomarei meticuloso cuidado para não admitir em minha crença nenhuma falsidade e prepararei tão bem meu espírito ante todas as manhas desse grande enganador que, por mais poderoso e astucioso que seja, nada jamais poderá impor.

Essa meta, contudo, é penosa e laboriosa e certa indolência arrasta-me insensivelmente para a marcha de minha vida ordinária. E igual a um escravo que durante o sono gozasse de uma liberdade imaginária, no momento em que começa a suspeitar de que sua liberdade é apenas um sonho, receia ser despertado e conspira com suas agradáveis ilusões para ser por elas enganado por mais tempo, assim reincido insensivelmente em minhas velhas opiniões e temo despertar desse torpor, receoso de que a vigília laboriosa que sucederia à tranquilidade desse repouso, em lugar de me trazer alguma claridade e alguma luz no conhecimento da verdade, não bastasse para iluminar as trevas das dificuldades que acabam de ser suscitadas.

Segunda Meditação

DA NATUREZA DO ESPÍRITO HUMANO E QUE ELE É MAIS FÁCIL DE SER CONHECIDO DO QUE O CORPO

A Meditação que realizei ontem me encheu o espírito de tantas dúvidas que não se encontra mais em meu poder daqui por diante esquecê-las. E, entretanto, não vejo de que maneira poderei resolvê-las; e como se subitamente houvesse caído em uma água profundíssima, é tal a surpresa em que me encontro que não consigo nem firmar meus pés no fundo nem nadar para me manter na superfície. Entretanto, esforçar-me-ei e seguirei novamente a mesma via na qual ingressara ontem, afastando-me de tudo aquilo em que poderei imaginar a mais ínfima dúvida, do mesmo modo que se soubesse ser aquilo absolutamente falso; e prosseguirei sempre nesse caminho até topar com algo de certo, ou pelo menos, se não tiver capacidade para outra coisa, até ter descoberto com certeza que nada há no mundo de certo.

Arquimedes, para deslocar o globo terrestre e transferi-lo a outro lugar, nada exigia senão um ponto fixo e seguro. Assim, terei o direito de conceber grandes esperanças se me dou por suficientemente feliz em descobrir somente uma coisa que seja certa e indubitável.

Suponho, portanto, que todas as coisas que vejo são falsas; persuado-me de que nada jamais existiu de tudo o que minha memória repleta de mentiras representa a mim; penso não dispor de nenhum sentido; creio que o corpo, a figura, a extensão, o movimento e o lugar não passam de ficções de meu espírito. O que, então, poderá ser estimado como verdadeiro? Talvez nenhuma outra coisa a não ser que no mundo nada há de certo.

Mas como é que sei eu se não há qualquer outra coisa distinta daquelas que acabo de considerar incertas, qualquer coisa distinta com respeito à qual não se possa ter a menor dúvida? Não há algum Deus, ou alguma outra potência que introduz esses pensamentos em meu espírito? Não há necessidade disso, pois talvez eu esteja capacitado a produzi-los por mim mesmo. Portanto, não sou eu, ao menos, algo? Mas já neguei que possuísse algum sentido ou algum corpo. Hesito, contudo, pois o que se conclui disso? Sou eu de tal modo dependente do corpo e dos sentidos que não posso ser[8] sem eles? Mas eu me persuadi de que não havia absolutamente nada no mundo, de que não havia nenhum céu, nenhuma terra, nenhum espírito nem nenhum corpo; não me persuadi, portanto, inclusive de que eu não era[9]?

---

8 *être*: sentido ontológico (existir).

9 *n'étais point*: sentido ontológico (não existia).

Decerto que não. Não há dúvida de que eu era[10], isto se me persuadi ou tão só se pensei algo. Mas há um enganador muito poderoso e muito astucioso que desconheço e que emprega toda sua engenhosidade para enganar-me sempre. Não há dúvida, portanto, de que eu sou[11], se ele me engana; e que ele me engane tanto quanto quiser: nunca poderá fazer com que eu não seja nada enquanto eu pensar ser algo. Resulta que, após ter pensado bem sobre isso e ter examinado cuidadosamente todas as coisas, é necesário, enfim, concluir e sustentar, invariavelmente, que essa proposição, nomeadamente: eu sou, eu existo, é necessariamente verdadeira sempre que a pronuncio, ou que a concebo em meu espírito.

Mas não conheço ainda com suficiente clareza o que sou, eu que estou certo de que sou, de modo que doravante é necessário que tome um extremo cuidado para não tomar imprudentemente alguma outra coisa por mim, e assim me enganar nesse conhecimento, a ponto de sustentar ser ele mais certo e mais evidente do que todos aqueles que anteriormente tive.

Eis porque considerarei mais uma vez o que acreditava ser antes de ingressar nesses últimos pensamentos; e de minhas antigas opiniões retirarei tudo o que é possível combater pelas razões que há pouco mencionei, de maneira que não reste precisamente nada salvo o que é inteiramente indubitável. O que é, então, que acreditei ser precedentemente? Sem dificuldade pensei que era um ser humano. Mas o que é um ser humano?

---

10 *j'étais:* sentido ontológico (existia).

11 *je suis*: sentido ontológico (existo).

Direi que é um animal racional? Decerto que não, pois seria necessário, em seguida, investigar o que é animal, e o que é racional, e assim partindo de uma única questão cairíamos progressivamente em uma infinidade de outras mais difíceis e embaraçosas, e eu não desejaria abusar do pouco de tempo e de ócio que me resta a empregá-lo na elucidação de semelhantes sutilezas. Deter-me-ei, de preferência, a considerar aqui os pensamentos que, em meu espírito, nasciam precedentemente de si mesmos, e que me eram inspirados exclusivamente por minha natureza quando eu me devotava ao exame de meu ser. Eu me considerava, primeiramente, como possuindo um rosto, mãos, braços e toda esta máquina composta de ossos e de carne, tal como aparece em um cadáver, a qual designava pelo nome de corpo. Considerava, ademais, que me alimentava, que caminhava, que sentia e que pensava, e referia todas essas ações à alma; mas não me detinha a pensar o que essa alma era, ou então, se nisso eu me detinha, imaginava ser ela algo extremamente rarefeito e sutil, como um vento, uma chama ou um ar sutilíssimo, que estava infiltrado e distribuído em minhas partes mais grosseiras. Quanto ao que era o corpo, não tinha absolutamente nenhuma dúvida sobre sua natureza, uma vez que pensava conhecê-la muito distintamente e se houvesse desejado explicá-la conforme as noções que dela possuía, tê-la-ia descrito do modo que se segue. Por corpo entendo tudo o que pode ser delimitado por alguma figura; que pode estar compreendido em algum lugar e ocupar um espaço de tal modo que todo outro corpo dele esteja excluído; que pode ser sentido ou pelo tato, ou pela visão, ou pela audição, ou pelo paladar ou pelo olfato; que pode ser movido de diversas maneiras, não por si mesmo, mas por qualquer coisa estranha que o toque e da qual receba a impressão. Com efeito, quanto a ter em si o poder de se mover, de sentir e de pensar, não acreditava em absoluto que se devesse atribuir essas vantagens[12] à natureza corpórea; pelo contrário, causava-me espanto constatar que semelhantes faculdades eram encontradas em certos corpos.

Mas eu, o que sou eu, agora que suponho haver alguém que é extremamente poderoso e, se me atrevo a dizer, matreiro e astucioso, que emprega todas suas forças e toda sua engenhosidade para me enganar? Posso eu assegurar-me de possuir a menor de todas as coisas que atribuí anteriormente à natureza corpórea? Detenho-me a ponderar sobre isso atentamente, passo e repasso a totalidade dessas coisas em meu espírito e entre elas não encontro nenhuma que pudesse dizer estar em mim. Não há necessidade de deter-me para enumerá-las. Passemos, então, aos atributos da alma e vejamos se há entre eles alguns que estejam em mim. Os primeiros são alimentar-me e caminhar, mas se é verdade que não disponho de corpo, também é verdade que não sou capaz de caminhar nem de me alimentar. Outro é sentir, mas também não se pode sentir sem o corpo, a somar-se a isso que pensei sentir outrora várias coisas durante o sono que, ao despertar, reconheci não haver, efetivamente, sentido. Outro é

---

12 *avantages*, ou superioridades, mas Descartes está pensando em faculdades, como o mostra a sequência imediata do texto.

pensar, e descubro aqui que o pensamento é um atributo que me pertence: unicamente ele não pode ser destacado de mim. *Eu sou, eu existo:* isso é certo. Mas por quanto tempo? A saber, por quanto tempo quanto eu pensar, pois talvez pudesse acontecer de caso cessasse eu de pensar, cessasse simultaneamente de ser ou existir. Nada admito agora que não seja necessariamente verdadeiro: sou, portanto, a me expressar com precisão, apenas uma coisa que pensa, isto é, um espírito, um entendimento ou uma razão, que são termos cuja significação me era antes desconhecida. Ora, eu sou uma coisa verdadeira e verdadeiramente existente. Mas que coisa? Eu o disse: uma coisa que pensa. E o que mais? Estimularei ainda minha imaginação a fim de investigar se não sou alguma coisa de mais. Não sou esse conjunto de membros chamado de corpo humano; não sou um ar sutil e penetrante distribuído por todos esses membros; não sou um vento, um sopro, um vapor, nem nada de tudo aquilo que eu possa simular e imaginar, uma vez que supus que tudo aquilo não era nada, e que, sem alterar essa suposição, descubro que não deixo de estar certo de que sou alguma coisa.

Pode, entretanto, também suceder que essas mesmas coisas que suponho não serem porque me são desconhecidas, não sejam efetivamente diferentes de mim, que eu conheço? Disso nada sei. Nesse momento não o disputo. Só posso emitir meu juízo sobre coisas que me são conhecidas: reconheci que eu era, e busco o que sou, eu que reconheci ser. Ora, é bastante certo que essa noção e conhecimento de mim mesmo, tomado precisamente assim, não depende[13] das coisas cuja existência ainda desconheço; nem, consequentemente, e com mais forte razão, de nenhuma daquelas coisas que são simuladas e forjadas pela imaginação. E mesmo os termos simular e imaginar advertem-me quanto ao meu erro, pois efetivamente eu simularia se imaginasse ser alguma coisa, visto que imaginar não é outra coisa senão contemplar a figura ou a imagem de uma coisa corpórea. Ora, já sei com certeza que eu sou, e que, a considerar tudo em seu conjunto, é possível que todas essas imagens e, geralmente, todas as coisas que se relacionam à natureza do corpo não passem de sonhos ou quimeras, do que resulta que vejo claramente que teria, inclusive, escassa razão em dizer: estimularei minha imaginação a fim de conhecer mais distintamente o que eu sou, do que se dissesse: estou agora desperto e distingo alguma coisa de real e verdadeira; mas, porque não a distingo ainda com suficiente nitidez, deliberadamente adormecerei para que meus sonhos me representem essa mesma coisa com mais verdade e evidência. E, assim, reconheço com certeza que absolutamente nada de tudo que possa compreender por meio da imaginação pertence a esse conhecimento que possuo de mim mesmo, e que é imperioso recordar e desviar o próprio espírito desse modo de conceber para que ele próprio possa reconhecer muito distintamente sua natureza.

Mas o que é, então, que eu sou? Uma coisa que pensa. E o que é uma coisa que pensa? É uma coisa

---

13 *Or il est très certain que cette notion et connaissance de moi-même, ainsi précisément prise, ne dépend point...*

que duvida, que concebe, que afirma, que nega, que quer, que não quer, que também imagina, e que sente. Se todas essas coisas pertencem à minha natureza, decerto que isso não é pouco. Mas por que não pertenceriam a ela? Não continuo sendo esse mesmo que duvida quase de tudo e que, entretanto, entende e concebe certas coisas, que assegura e assevera serem exclusivamente estas verdadeiras, que nega a todas as demais, que quer e deseja conhecê-las mais, que não quer ser ludibriado, que imagina muitas coisas, mesmo por vezes a despeito de eu tê-las sentido também muitas, como por intermédio dos órgãos do corpo? Há algo em tudo isso que seja tão verdadeiro quanto é certo que eu sou e que eu existo, ainda que eu dormisse sempre e que aquele que me concedeu o ser se servisse de todas suas forças para me enganar? Há também algum desses atributos que possa ser distinguido de meu pensamento, ou que se possa dizer que é dissociado de mim mesmo? Com efeito, é implicitamente tão evidente que sou eu quem duvido, que entendo, e que desejo que não há aqui necessidade de acrescer nada para explicá-lo. E tenho também certamente o poder de imaginar, pois ainda que pudesse acontecer (como supus antes) que as coisas que imagino não sejam verdadeiras, esse poder de imaginar, contudo, não deixa de estar realmente em mim e faz parte de meu pensamento. Enfim, sou o mesmo que sente, isto é, que recebe e conhece as coisas como se pelos órgãos dos sentidos, posto que efetivamente vejo a luz, ouço o ruído, experimento o calor. Dir-me-ão, porém, que essas aparências são falsas e que durmo. Que o seja. Todavia, em todo caso, é certíssimo que me parece que vejo, que ouço e que me aqueço; e é propriamente o que em mim se denomina sentir, e isso assim entendido precisamente não é outra coisa senão pensar.

Daí resulta eu começar a conhecer o que sou eu com um pouco mais de luz e de distinção do que anteriormente.

Mas não posso impedir-me de crer que as coisas corpóreas, cujas imagens se formam mediante meu pensamento e que acontecem de chegar aos sentidos, não sejam mais distintamente conhecidas do que essa parte de mim mesmo que desconheço e que não afeta a imaginação; embora efetivamente seja algo estranhíssimo as coisas que considero duvidosas e afastadas serem mais clara e facilmente de mim conhecidas do que as que são verdadeiras e certas e que pertencem à minha própria natureza. Vejo, porém, bem o que é: meu espírito se compraz em extraviar-se e ainda é incapaz de conter-se nos justos limites da verdade. Portanto, afrouxemos ainda uma vez seu freio a fim de que, vindo mais adiante a retirá-lo de modo lento e oportuno, possamos fixar regras para ele e conduzi-lo mais facilmente.

Comecemos pelo exame das coisas mais comuns e que cremos compreender com a maior distinção, nomeadamente os corpos que tocamos e vemos. Não tenciono falar dos corpos em geral, visto que essas noções gerais são ordinariamente mais confusas, mas de algum corpo em particular. Tomemos, por exemplo, este pedaço de cera que acaba de ser removido da colmeia: não perdeu ainda a doçura do mel que continha, retém ainda alguma coisa da fragrância das flores das quais foi recolhido; sua cor, sua figura, seu tamanho são aparentes; é duro, frio, nós o tocamos, e se baterdes nele, produzirá algum som. Enfim, são encontradas nesse corpo todas as coisas que podem distintamente tornar um corpo conhecido.

Mas eis que enquanto falo o aproximamos do fogo: o que nele restava de sabor se exala, a fragrância se dissipa, sua cor se altera, sua figura se perde, seu tamanho aumenta, ele se torna líquido, se aquece, é com dificuldade que se pode tocá-lo e, ainda que nele se bata, não produzirá mais nenhum som. Permanece a mesma cera após essa transformação? É preciso admitir que sim e ninguém pode negá-lo. O que é, então, que se conhecia nesse pedaço de cera com tanta distinção? Certamente não pode ser absolutamente nada que nele reparei por intermédio dos sentidos, uma vez que todas as coisas que afetavam o paladar, ou o olfato, ou a visão, ou o tato, ou a audição, se acham alteradas e, contudo, permanece a mesma cera. Talvez seja o que penso agora, nomeadamente que a cera não era nem essa doçura do mel, nem essa agradável fragrância das flores, nem essa alvura, nem essa figura, nem esse som, mas apenas um corpo que um pouco antes aparecia-me sob essas formas, e que agora é observável sob outras. Mas o que é, a nos expressarmos com precisão, que eu imagino quando a concebo dessa maneira? Examinemo-lo atentamente e, afastando todas as coisas que não pertencem à cera, vejamos o restante. Decerto que tudo que permanece é algo de extenso, de flexível e de mutável. Ora, o que é isso: flexível e mutável? Não é que imagino que essa cera sendo redonda é capaz de se tornar quadrada e de passar do quadrado para uma figura triangular? Certamente não. Não é isso, visto que eu a concebo como capaz de receber uma infinidade de semelhantes transformações, e não poderia, entretanto, percorrer essa infinidade mediante minha imaginação, de modo que essa concepção que tenho da cera não é obra da faculdade de imaginar.

O que é agora essa extensão? Não é ela também desconhecida, visto que aumenta na cera que derrete e se acha ainda maior quando está completamente derretida, e muito mais ainda quando o calor aumenta mais? E eu não conceberia com clareza e segundo a verdade o que é a cera, se não pensasse ser ela capaz de receber mais variedades, conforme a extensão, que para ela jamais imaginei. É necessário, portanto, que eu concorde que não poderia sequer conceber pela imaginação o que é essa cera e que tudo que o concebe é unicamente meu entendimento; digo este pedaço de cera em particular, pois para a cera em geral é ainda mais evidente. Ora, que é esta cera que só pode ser concebida pelo entendimento ou o espírito? Com certeza é a mesma que vejo, que toco, que imagino e a mesma que conhecia desde o início. Mas o que é de se notar, sua percepção, ou melhor, a ação pela qual é percebida não é uma visão, nem um toque, nem uma imaginação, e jamais o foi, embora assim o parecesse anteriormente, mas somente uma inspeção intelectual[14], a qual pode ser imperfeita e confusa, como anteriormente era, ou então clara e distinta, como é presentemente na medida em que minha atenção se dirige mais ou menos às coisas que estão nela e das quais é composta.

---

14 *une inspection de l'esprit.* Literalmente: uma inspeção do espírito.

Entretanto, é o caso de espantar-me demasiado quando considero quanto meu espírito tem de debilidade e de propensão, as quais o conduzem progressivamente ao erro. Com efeito, embora sem falar eu em mim mesmo considere tudo isso, a despeito disso as palavras me detêm, e sou quase ludibriado pelos termos da linguagem ordinária, pois dizemos que vemos a mesma cera se a nós é ela apresentada, e não que julgamos ser a mesma, por possuir a mesma cor e a mesma figura, o que me disporia a quase concluir que se conhece a cera pela visão dos olhos, e não unicamente pela inspeção intelectual, se por acaso não olhasse de uma janela seres humanos que passam pela rua, à vista dos quais não deixo de dizer que vejo seres humanos, do mesmo modo que digo que vejo a cera. E, contudo, que vejo eu desta janela exceto chapéus e casacos que podem cobrir espectros ou simulações de seres humanos que se movem unicamente mediante molas? Julgo, porém, que são seres humanos verdadeiros e, assim, compreendo, tão só com base na faculdade do juízo[15] que reside em meu espírito, o que acreditava ver com meus olhos.

Um homem que se empenha em elevar seu conhecimento além do comum deve envergonhar-se de extrair das oportunidades de duvidar formas e expressões do vulgo. Prefiro ir em frente sem me deixar deter e considerar se concebia com maior ev idência e perfeição o que era a cera quando a percebi pela primeira vez, e que acreditei conhecê-la por meio dos sentidos externos, ou, em todo caso, pelo senso comum, como o chamam, isto

---

15 *puissance de juger.*

é, pela faculdade de imaginar[16] do que a concebo agora, após haver examinado mais exatamente o que é ela e de que maneira pode ser conhecida. Seria, decerto, ridículo pôr isso em dúvida. Com efeito, o que havia nessa primeira percepção que fosse distinto e evidente e que não pudesse, do mesmo modo, afetar o sentido do mais inferior dos animais? Quando, porém, distingo a cera de suas formas exteriores, e que, como se a houvesse despido de suas vestes, examino-a totalmente nua, decerto embora se possa ainda encontrar algum erro em meu juízo, não a posso conceber dessa maneira sem um espírito humano.

Mas, enfim, que direi desse espírito, isto é, de mim mesmo? Com efeito, até aqui um espírito é tudo que admito em mim[17]. Que enunciarei, digo, de mim que pareço conceber com tanta nitidez e distinção este pedaço de cera? Não conheço a mim mesmo não só com muito mais verdade e certeza, mas inclusive com muito mais distinção e nitidez? Pois se julgo que a cera é, ou existe, pois a vejo, é certo que se segue com bem maior evidência que eu sou, ou que eu mesmo existo, pois a vejo. Com efeito, é possível que isto que vejo não seja efetivamente a cera. Pode também acontecer de eu não ter sequer olhos para ver coisa alguma, mas não é possível que quando vejo, ou (o que não distingo mais) quando eu penso ver, eu que penso não seja alguma coisa. Do mesmo modo, se julgo que a cera existe pelo fato de que a toco, resultará a mesma coisa, a saber, que eu sou; e se o julgo segundo aquilo de que me persuade

---

16 *puissance imaginative.*

17 *Car jusques ici je n'admets en moi autre chose qu'un esprit.*

minha imaginação, ou segundo qualquer outra causa, concluirei sempre a mesma coisa. E o que aqui observei com respeito à cera é aplicável a todas as outras coisas que me são exteriores, e que se acham fora de mim.

Ora, se a noção ou o conhecimento da cera parece ser mais nítido e mais distinto após ter sido ela descoberta não só pela visão ou pelo tato, mas também por muitas outras causas, com quanto mais de evidência, de distinção e de nitidez não devo eu conhecer a mim mesmo, visto que todas as razões que servem para conhecer e conceber a natureza da cera, ou de qualquer outro corpo provam muito mais fácil e evidentemente a natureza de meu espírito? E no próprio espírito encontram-se, ademais, tantas outras coisas capazes de contribuir para o esclarecimento de sua natureza que aquelas que dependem do corpo, como estas, quase não merecem uma enumeração.

Mas, enfim, eis que volto paulatinamente aonde queria; com efeito, visto ser uma coisa que me é presentemente conhecida, que, ao nos expressarmos propriamente, concebemos os corpos somente pela faculdade do entendimento que está em nós e não pela imaginação nem pelos sentidos, e que não os conhecemos devido ao fato de os vermos, ou devido ao fato de os tocarmos, mas somente devido ao fato de os concebermos pelo pensamento, sei evidentemente que nada há que me seja mais fácil de conhecer do que meu espírito. Entretanto, por ser quase impossível desfazer-se tão prontamente de uma antiga opinião, será bom deter-me um pouco nesse ponto objetivando, pela extensão de minha meditação, imprimir mais profundamente em minha memória esse novo conhecimento.

Terceira Meditação

DE DEUS; QUE ELE EXISTE

Cerrarei agora os olhos, taparei meus ouvidos, desviarei todos meus sentidos, apagarei inclusive de meu pensamento todas as imagens das coisas corpóreas, ou, ao menos, pois fazer isso envolve dificuldade, eu as classificarei como vãs e falsas; e, assim, entretendo-me apenas comigo mesmo, e examinando meu interior, esforçar-me-ei em me tornar pouco a pouco mais conhecido e mais familiar de mim mesmo. Sou uma coisa que pensa, isto é, que duvida, que afirma, que nega, que conhece poucas coisas, que desconhece muitas, que ama, que odeia, que quer, que não quer, que também imagina e que sente. Com efeito, tal como observei antes, embora as coisas que sinto e que imagino não sejam talvez absolutamente nada fora de mim e nelas mesmas, estou seguro, entretanto, de que essas maneiras de pensar[18], que chamo de sentimentos e imaginações, na medida somente em que

---

18 *façons de penser.*

são maneiras de pensar, residem e se encontram com certeza em mim. E nesse pouco que acabo de dizer acredito haver relatado tudo que verdadeiramente sei, ou ao menos tudo o que até aqui reparei que sabia.

Agora considerarei mais exatamente se talvez não se encontrem em mim outros conhecimentos dos quais eu não haja ainda me dado conta. Estou certo de que sou uma coisa que pensa, mas não sei, consequentemente, também o que é requisito para me tornar certo de alguma coisa? Nesse primeiro conhecimento, tudo com o que se depara é uma percepção clara e distinta daquilo que conheço, a qual verdadeiramente não bastaria para me assegurar ser ela verdadeira se pudesse algum dia ocorrer de uma coisa que eu concebesse assim clara e distintamente se considerasse falsa. E, portanto, parece-me já poder estabelecer como regra geral que todas as coisas que concebemos muito clara e distintamente são todas verdadeiras.

Todavia, aceitei e admiti precedentemente muitas coisas como muito certas e muito evidentes, coisas que, entretanto, depois, reconheci como sendo duvidosas e incertas. Quais eram, então, essas coisas? Eram a terra, o céu, os astros e todas as demais coisas que eu percebia por intermédio de meus sentidos. Ora, o que concebia clara e distintamente nelas? Decerto nenhuma outra coisa senão que as ideias ou os pensamentos dessas coisas se apresentavam ao meu espírito. E ainda agora não nego que essas ideias se encontram em mim. Mas havia ainda outra coisa que eu assegurava e que, devido ao hábito que tinha de nela crer, pensava perceber com muita clareza, ainda que verdadeiramente não a percebesse, nomeadamente que havia coisas fora de mim, de onde essas ideias se originavam e às quais eram completamente semelhantes. E era nisso que eu me enganava, ou, se talvez julgasse segundo a verdade, não havia nenhum conhecimento que eu possuísse que fosse a causa da verdade de meu juízo.

Mas quando considerava algo sumamente simples e sumamente fácil no que diz respeito à aritmética e à geometria, por exemplo, que a soma de dois e três produz cinco, e outras coisas semelhantes, não as concebia ao menos bastante claramente para assegurar que eram verdadeiras? Decerto que se julguei posteriormente que se podia duvidar dessas coisas, não foi por outra razão senão a de que me vinha ao espírito que talvez algum Deus houvesse podido conferir-me tal natureza a ponto de eu me enganar mesmo no tocante às coisas que me parecem as mais evidentes. Mas sempre que essa opinião preconcebida do poder soberano de um Deus se apresenta ao meu pensamento, sou obrigado a admitir que lhe é fácil, se ele quiser, fazer com que eu engane a mim mesmo, mesmo nas coisas que acredito conhecer com imensa evidência. E, ao contrário, sempre que me volto para as coisas que penso conceber com suma clareza, sou a tal ponto persuadido por elas que me deixo espontaneamente conduzir a estas palavras: engana-me quem puder, mas na impossibilidade de jamais fazer com que eu nada seja enquanto eu pensar ser algo; ou que algum dia seja verdadeiro que eu jamais tenha sido, sendo verdadeiro agora que sou, ou então que a soma de dois e três resulte em mais ou menos do que cinco, ou coisas semelhantes, de modo que eu veja claramente não poder ser de outra maneira do que aquela em que as concebo.

E, decerto, uma vez que não tenho razão alguma para crer que haja algum Deus que seja enganador, e mesmo que não haja ainda considerado aquelas razões que provam que há um Deus, a razão para duvidar dependente somente dessa opinião é bem leve[19], e por assim dizer, metafísica. Mas, visando a poder eliminá-la por completo, devo examinar se há um Deus logo que a oportunidade para isso se apresentar; e se descubro que há um, devo também examinar se ele pode ser enganador, pois carente do conhecimento dessas duas verdades, não vejo como pudesse jamais estar certo de qualquer coisa. E para que possa ter a oportunidade de examinar isso sem interromper a ordem de meditação a que me propus, que é passar gradativamente das noções que descobrirei como primeiras em meu espírito para aquelas que poderei aí encontrar depois, é preciso aqui que divida todos meus pensamentos em certos gêneros, e que considere em quais deles há propriamente verdade ou erro.

Entre meus pensamentos, alguns são como as imagens das coisas, e é exclusivamente a estes que convém propriamente o nome ideia, como quando represento a mim um homem, ou uma quimera, ou o céu, ou um anjo, ou o próprio Deus. Outros, além disso, possuem algumas outras formas, como quando quero, que temo, que afirmo ou que nego, concebo bem então algo como o sujeito da ação de meu espírito, mas adiciono também alguma outra coisa, por essa ação, à ideia que tenho de

19 *bien légère,* ou seja, de pouco peso, de pouca gravidade.

tal coisa; e desse gênero de pensamentos, alguns são chamados de vontades ou afecções[20], e os outros de juízos.

Agora, no que diz respeito às ideias, se são consideradas somente em si mesmas, e não relacionadas a alguma outra coisa, não podem, a nos expressarmos propriamente, ser falsas, pois quer eu imagine uma cabra ou uma quimera, não é menos verdadeiro imaginar uma do que a outra.

Não é de se recear também que se possa encontrar falsidade nas afecções ou vontades, pois ainda que eu possa desejar coisas más, ou mesmo que jamais existiram, não é por isso menos verdadeiro que as desejo.

Assim, só restam os juízos, nos quais devo tomar meticuloso cuidado para não me enganar. Ora, o principal erro e o mais comum que se pode encontrar nos juízos consiste em eu julgar que as ideias que estão em mim são semelhantes, ou conforme às coisas que estão fora de mim; com efeito, certamente se eu considerasse as ideias tão só como certos modos ou maneiras de meu pensamento, sem as querer relacionar a qualquer outra coisa externa, dificilmente elas poderiam levar-me ao erro.

Ora, entre essas ideias algumas a mim parecem ter nascido comigo, outras me são estranhas e de origem externa, enquanto outras são produzidas e inventadas por mim mesmo. Com efeito, que eu possua a faculdade de

---

20 *affections*: Descartes parece aludir aos estados passivos em geral (emoções ou paixões, incluindo os conceitos mais restritos de sofrimentos, aflições e doenças), conceito tradicional da filosofia apresentado inicialmente na filosofia grega mediante os termos παθη (*pathe*) ou παθηματα (*pathemata*). Indico as palavras gregas no nominativo plural.

conceber aquilo que se chama em geral de uma coisa, ou uma verdade, ou um pensamento, parece-me que só devo isso à minha própria natureza. Mas se ouço agora algum ruído, se vejo o sol, se sinto o calor, até esta hora julguei que essas sensações se originavam de algumas coisas que existem fora de mim; e, enfim, parece-me que as sereias, os hipogrifos e todas as demais quimeras similares são ficções e invenções de meu espírito. Mas, talvez, também possa eu persuadir-me de que todas essas ideias são do gênero daquelas que designo como estranhas, e que têm origem externa, ou então que elas nasceram todas comigo, ou então que foram todas produzidas por mim, uma vez que ainda não descobri claramente sua verdadeira origem. E o que me cabe principalmente fazer neste lugar é considerar, no tocante às que parecem provir de alguns objetos que estão fora de mim, quais são as razões que me forçam a crer serem elas semelhantes a esses objetos.

A primeira dessas razões é me parecer ter sido isso a mim revelado pela natureza, enquanto a segunda é que experimento em mim mesmo que essas ideias não dependem de minha vontade, pois é frequente elas se me apresentarem contra minha vontade, como agora, quer o queira ou não, sinto o calor, e devido a essa causa persuado-me de que essa sensação, ou então essa ideia do calor é produzida em mim por algo diferente de mim, nomeadamente pelo calor do fogo junto ao qual me encontro. E não vejo nada que me seja mais razoável do que julgar que essa coisa estranha envia e imprime em mim sua semelhança mais do que nenhuma outra coisa.

Agora é necessário que eu veja se essas razões são suficientemente fortes e convincentes. Quando digo que me parece que isso me foi revelado pela natureza limito-me a entender pela palavra natureza certa inclinação que me leva a crer nessa coisa e não uma luz natural que me faz conhecer ser ela verdadeira. Ora, essas duas coisas muito diferem entre si, pois nada eu poderia pôr em dúvida daquilo que a luz natural me mostra ser verdadeiro, como há pouco me mostrou que, do fato de que eu duvidava, podia concluir que eu era. E não possuo em mim nenhuma outra faculdade, ou poder, para distinguir o verdadeiro do falso que me possa revelar que o que essa luz me mostra como verdadeiro não o é, e a quem pudesse eu fiar-me tanto quanto a ela. No que respeita, porém, às inclinações que também parecem ser a mim naturais, reparei amiúde, quando se tratava de eleger entre as virtudes e os vícios, que não me conduziram menos ao mal do que ao bem; eis a razão por não ter eu um motivo legítimo para segui-las tampouco no que respeita ao verdadeiro e ao falso.

E quanto à outra razão, que é a de que essas ideias devem originar-se de outro lugar, visto que não dependem de minha vontade, não a julgo tampouco convincente, pois ainda que essas inclinações de que eu falava há pouco se encontrem em mim, não obstante não se harmonizem sempre com minha vontade, talvez haja em mim alguma faculdade ou poder suscetível de produzir essas ideias sem o concurso de qualquer coisa exterior, ainda que não me seja ela ainda conhecida, como efetivamente sempre me pareceu até aqui que quando durmo, elas se formam assim em mim sem o auxílio dos objetos que representam. E, enfim, ainda que eu me mantivesse concordando que são causadas por esses objetos, que devem ser a eles semelhantes não é uma consequência necessária. Ao contrário, observei frequentemente em muitos exemplos que havia uma grande diferença entre o objeto e sua ideia. Como, à guisa do exemplo, encontro em meu espírito duas ideias de Sol inteiramente diversas: uma tem sua origem nos sentidos, e deve ser posta no gênero daquelas que eu disse antes serem de origem externa, pela qual ele me parece sumamente pequeno; a outra é tomada das razões da astronomia, isto é, de certas noções comigo nascidas, ou, enfim, é formada por mim mesmo, de qualquer maneira que possa para parecer-me ele muitas vezes maior do que a Terra inteira. Decerto que essas duas ideias que concebo do Sol não podem ser ambas semelhantes ao mesmo sol; e a razão me conduz a crer que aquela ideia que provém imediatamente de sua aparência é a que lhe é mais dessemelhante.

Tudo isso me leva a estar suficientemente ciente de que, até agora, não foi por um juízo certo e premeditado, mas tão só por um impulso cego e temerário que acreditei que havia coisas fora de mim, e diferentes de meu ser, que, pelos órgãos de meus sentidos, ou por qualquer outro meio possível, enviavam a mim suas ideias ou imagens, e aí imprimiam suas semelhanças.

Mas apresenta-se ainda outro caminho para investigar se, entre as coisas das quais tenho em mim as ideias, há algumas que existem fora de mim; a saber, se essas ideias são tomadas somente enquanto são de certas maneiras de pensar, entre elas não reconheço nenhuma diferença ou desigualdade, e todas parecem originar-se de mim de um mesmo modo; considerando-as, porém, como imagens, entre as quais algumas representam uma coisa e as outras, outras, é evidente que são muito diferentes entre si. Pois, com efeito, aquelas que me representam substâncias são, indubitavelmente, algo mais e encerram em si (por assim dizer) mais realidade objetiva, ou seja, participam por representação em mais estágios de ser ou de perfeição do que as que me representam apenas modos ou acidentes. Ademais, aquela mediante a qual concebo um Deus soberano, eterno, infinito, imutável, onisciente, onipotente e Criador universal de todas as coisas que lhe são externas, essa ideia, digo, possui certamente em si mais realidade objetiva do que aquelas mediante as quais me são representadas as substâncias finitas.

Agora, é algo evidente, graças à luz natural, que deve haver ai pelo menos tanta realidade na causa eficiente e total quanto em seu efeito, pois de onde mais pode o efeito retirar sua realidade senão de sua causa? E como essa causa poderia transmitir a ele realidade se não a possuísse em si mesma?

E disso se conclui não só que o nada não poderia produzir coisa alguma, mas também que aquilo que é mais perfeito, isto é, que encerra em si mais realidade, não pode ser uma decorrência e uma dependência do menos perfeito. E essa verdade não é somente clara e evidente nos efeitos que possuem essa realidade que os filósofos denominam de atual ou formal, mas também nas ideias nas quais se considera apenas a realidade que designam como objetiva: por exemplo, a pedra que ainda não foi[21], não só não pode agora começar a ser, se não é

21 *la pierre que n'a point encore été,* sentido ontológico.

produzida por uma coisa que tem em si formalmente, ou eminentemente, tudo o que participa da composição da pedra, isto é, que contém em si as mesmas coisas ou outras mais excelentes do que as que estão presentes na pedra, e o calor não pode ser produzido em um sujeito que dele estava antes privado se não for por uma coisa que seja de uma ordem, de um grau ou de um gênero no mínimo tão perfeito quanto o calor, e assim por diante. Mas ainda, a se somar a isso, a ideia do calor, ou da pedra, não pode estar em mim se não foi aí instalada por alguma causa que contenha em si ao menos tanta realidade quanto a que concebo no calor ou na pedra. Com efeito, ainda que tal causa não transmita à minha ideia nada de sua realidade atual ou formal, não se deve em função disso imaginar que essa causa deva ser menos real. Deve-se, porém, saber que, sendo toda ideia uma obra do espírito, sua natureza é tal que não exige de si nenhuma outra realidade formal além da que recebe e toma emprestada do pensamento ou do espírito, do qual é ela apenas um modo, isto é, uma maneira ou modo de pensar. Ora, para que uma ideia contenha tal realidade objetiva mais do que outra, deve indubitavelmente tê-la de alguma causa em que se encontra pelo menos tanta realidade formal quanto essa ideia contém de realidade objetiva. Com efeito, se supomos que se encontra algo na ideia que não se encontra em sua causa, é necessário, consequentemente, que ela tenha isso a partir do nada. Mas, por imperfeita que seja essa maneira de ser, graças à qual uma coisa está objetivamente ou por representação no entendimento mediante sua ideia, decerto que não se pode, entretanto, dizer que esse modo e maneira não sejam nada[22], nem, consequentemente, que essa ideia extrai sua origem do nada. Não devo também duvidar que seja necessário a realidade estar formalmente nas causas de minhas ideias, ainda que a realidade que considero nessas ideias seja apenas objetiva, nem pensar que baste essa realidade encontrar-se objetivamente em suas causas; pois, tal como essa maneira de ser objetivamente pertence às ideias, conforme sua própria natureza, do mesmo modo também a maneira ou o modo de ser formalmente pertence às causas dessas ideias (no mínimo às primeiras e principais) conforme sua própria natureza. E ainda que possa suceder de uma ideia dar origem a outra ideia, não é possível, todavia, ser isso *ad infinitum*, sendo necessário, no fim, chegar a uma primeira ideia cuja causa seja como um padrão ou um original no qual toda a realidade ou perfeição esteja encerrada formalmente e, efetivamente, que se encontre apenas objetivamente ou por representação nessas ideias. O resultado é a luz natural mostrar-me evidentemente que as ideias estão em mim como quadros, ou imagens, que podem na verdade perder a perfeição das coisas das quais foram tiradas, mas que não podem nunca conter algo de mais elevado ou de mais perfeito.

E quanto mais demorada e cuidadosamente examino todas essas coisas, tanto mais clara e distintamente detenho o conhecimento de que são verdadeiras. Mas, enfim, o que concluirei de tudo isso? Nomeadamente é que se a realidade objetiva de qualquer uma de

---

22 *certes on ne peut pas néanmoins dire que cette façon et manière-là ne soit rien,*: singular no original francês.

minhas ideias é tal a ponto de eu saber claramente que não está em mim, nem formal nem eminentemente, e que, consequentemente, não posso eu mesmo ser dela a causa, resulta necessariamente que não estou só no mundo, mas que há ainda alguma outra coisa existente, e que é a causa dessa ideia; enquanto se tal ideia não é encontrada em mim, não terei nenhum argumento capaz de convencer-me e certificar-me quanto à existência de alguma outra coisa além de mim mesmo; com efeito, examinei-os a todos cuidadosamente e até o presente não pude deles encontrar nenhum outro.

Ora, entre essas ideias, mas sem contar aquela que representa a mim mesmo, no tocante à qual não pode haver aqui nenhuma dificuldade, há outra que representa a mim um Deus; outras, coisas corpóreas e inanimadas; outras, anjos; outras, animais e outras, enfim, que me representam homens semelhantes a mim. Mas no que respeita às ideias que me representam outros homens, ou animais, ou anjos, concebo facilmente poderem ser elas formadas pela mescla e pela composição das outras ideias que tenho das coisas corpóreas e de Deus, ainda que externamente a mim não houvesse outros seres humanos no mundo, nem quaisquer animais, nem quaisquer anjos. E no que respeita às ideias das coisas corpóreas, nada reconheço nelas de tão grande nem de tão excelente que não me pareça possível provir de mim mesmo; com efeito, se as considero de mais perto, e se as examino do mesmo modo que examinava ontem a ideia da cera, descubro que nelas se encontra apenas sumamente pouco daquilo que concebo clara e distintamente, nomeadamente a grandeza ou então a extensão em comprimento, largura e profundidade; a figura formada pelos termos e limites dessa extensão; a situação que os corpos que têm figuras diversas guardam entre si; e o movimento ou a mudança dessa situação; a isso se pode somar a substância, a duração e o número. Com respeito às outras coisas, como a luz, as cores, os sons, os cheiros, os sabores, o calor, o frio e as demais qualidades que afetam o tato, encontram-se em meu pensamento com tanta obscuridade e confusão que desconheço mesmo se são verdadeiras ou falsas e somente aparentes, isto é, se as ideias que concebo dessas qualidades são efetivamente as ideias de quaisquer coisas reais, ou então se o que representam a mim são apenas seres quiméricos cuja existência é impossível. Com efeito, ainda que haja eu observado precedentemente ser possível deparar com a verdadeira e formal falsidade[23] só nos juízos, é possível, entretanto, encontrar nas ideias certa falsidade material, nomeadamente quando elas representam aquilo que não é nada como se fosse alguma coisa. Por exemplo, as ideias que tenho do frio e do calor são tão pouco claras e tão pouco distintas que mediante elas não sou capaz de discernir se o frio é apenas uma privação do calor, ou o calor uma privação do frio, ou então se um e outro são qualidades reais ou se não são; e na medida em que, sendo as ideias como imagens, não pode haver entre elas nenhuma que não nos pareça representar alguma coisa, e se é verdadeiro dizer que o frio não passa de uma privação do calor, não será despropositado classificar de falsa a ideia que o representa a mim como alguma coisa de real e de

---

23 *la vraie et formelle fausseté.*

positivo, e assim outras ideias semelhantes, às quais certamente não é necessário atribuir outro autor senão eu mesmo. Com efeito, se são falsas, isto é, se representam coisas que não são[24], a luz natural revela-me que procedem do nada, isto é, que somente estão em mim, porque falta algo à minha natureza e porque esta não é inteiramente perfeita. E se essas ideias são verdadeiras, no entanto, por me mostrarem tão pouco de realidade a ponto de eu não poder discernir nitidamente a coisa representada do não ser, não vejo razão porque não possam ser elas produzidas por mim mesmo e que eu não possa ser delas o autor.

Quanto às ideias claras e distintas que tenho das coisas corpóreas, há algumas que parece ter eu podido tirar da ideia que tenho de mim mesmo, como aquela que tenho da substância, da duração, do número e de outras coisas similares. Com efeito, quando penso que a pedra é uma substância, ou então uma coisa que é capaz de existir por si, depois que sou uma substância, ainda que conceba bem que sou uma coisa que pensa e não extensa, e que a pedra, pelo contrário, é algo extenso e que não pensa, e que, assim, entre essas duas concepções haja uma notável diferença, parece haver, todavia, concordância entre elas na medida em que representam substâncias. Do mesmo modo, quando penso que sou agora e que recordo, além disso, de ter sido outrora, e que concebo muitos pensamentos diversos cujo número conheço, então adquiro em mim as ideias da duração e do número, as quais, posteriormente, posso transferir a todas as outras coisas que eu desejar.

---

24 *qui ne sont point,* sentido ontológico.

No que respeita às outras qualidades das quais são compostas as ideias das coisas corpóreas, nomeadamente a extensão, a figura, a situação e o deslocamento, é verdade que não estão formalmente em mim, uma vez que sou apenas uma coisa que pensa. Mas porque não passam de certos modos da substância, e como que as vestes sob as quais a substância corpórea nos aparece, e porque sou também, eu mesmo, uma substância, parece que elas podem estar contidas em mim eminentemente.

Portanto, tudo o que resta é a ideia de Deus, na qual se impõe considerar se há alguma coisa que não tenha podido originar-se de mim mesmo. Pelo nome Deus entendo uma substância infinita, eterna, imutável, independente, onisciente, onipotente e pela qual eu mesmo, e todas as outras coisas que são (se é verdade que há coisas que existem) foram criadas e produzidas. Ora, essas superioridades são tão importantes e tão eminentes que, quanto mais atentamente as considero, menos me persuado de que a ideia que dele tenho possa extrair sua origem tão só de mim[25]. E, consequentemente, é preciso concluir necessariamente de tudo que eu disse antes que Deus existe. Com efeito, ainda que a ideia da substância esteja em mim, a partir do fato mesmo de ser eu uma substância, não teria, entretanto, a ideia de uma substância infinita, eu que sou um ser finito, se ela não tivesse sido colocada em mim por alguma substância que fosse verdadeiramente infinita.

---

25 *Or ces avantages sont si grands et si éminents, que plus attentivement je les considère, et moins je me persuade que l'idée que j'en ai puisse tirer son origine de moi seul.*

E não devo imaginar que não concebo o infinito por uma ideia verdadeira, mas somente pela negação daquilo que é finito, do mesmo modo que compreendo o repouso e as trevas pela negação do movimento e da luz, uma vez que, pelo contrário, vejo evidentemente que se encontra mais realidade na substância infinita do que na substância finita e, portanto, que de algum modo tenho primeiramente em mim a noção de infinito, para depois ter a de finito, isto é, primeiramente a noção de Deus e depois a de mim mesmo. Pois como seria possível poder eu saber que duvido e que desejo, isto é, que me falta algo e que não sou completamente perfeito se em mim não tivesse nenhuma ideia de um ser mais perfeito do que o meu por cuja comparação conheceria as falhas de minha natureza?

E não é possível dizer que talvez essa ideia de Deus seja materialmente falsa e que, assim, posso tê-la do nada, isto é, que ela pode estar em mim porque tenho carência, como eu disse precedentemente das ideias do calor e do frio e de outras coisas semelhantes; com efeito, pelo contrário, sendo essa ideia extremamente clara e extremamente distinta e contendo em si mais realidade objetiva do que nenhuma outra, não há nenhuma que seja por si mais verdadeira, nem que possa ser menos suspeita de erro e de falsidade.

Digo que a ideia desse ser soberanamente perfeito e infinito é inteiramente verdadeira, pois ainda que talvez se pudesse simular que tal ser não existe, não se pode simular, entretanto, que a ideia dele não represente a mim nada de real, como eu disse há pouco da ideia do frio.

Essa mesma ideia é também sumamente clara e distinta porque tudo que meu espírito concebe clara e distintamente de real e de verdadeiro, e que contém em si alguma perfeição, está contido e encerrado por completo nessa ideia.

E isso não deixa de ser verdadeiro, embora eu não compreenda o infinito, ou mesmo que em Deus seja encontrada uma infinidade de coisas que não posso compreender, nem talvez também atingir de modo algum pelo pensamento, pois é da natureza do infinito que minha natureza, finita e limitada, não possa compreendê-lo; e basta que eu o conceba bem, e que julgue que todas as coisas que concebo com clareza, e nas quais sei que há qualquer perfeição, e talvez inclusive uma infinidade de outras que ignoro, estão formal ou eminentemente em Deus, a fim de que a ideia que dele tenho seja a mais verdadeira, a mais clara e a mais distinta de todas aquelas que estão em meu espírito.

Mas talvez também seja eu algo mais do que me imagino ser, e todas as perfeições que atribuo à natureza de um Deus estejam, de alguma maneira, em mim em potência, embora não se produzam ainda e não se manifestem por suas ações. Com efeito, já experimento o aumento e o aperfeiçoamento pouco a pouco de meu conhecimento, e não vejo nada que possa barrar seu aumento constante até o infinito; depois, estando assim aumentado e aperfeiçoado, não vejo nada que impeça poder eu adquirir por meio do conhecimento todas as outras perfeições da natureza divina; e, enfim, parece que a potência que possuo para a aquisição dessas perfeições, se alojada em mim, pode ser capaz de lhe imprimir e introduzir suas ideias. Todavia, observando-o um pouco mais de perto, reconheço não ser isso possível, pois, primeiramente, ainda que fosse verdade que meu conhecimento adquirisse todos os dias novos estágios de perfeição, e que houvesse em minha natureza muitas coisas em potência, que nela não são ainda em ato[26], todas essas vantagens, todavia, não pertencem e não se aproximam de modo algum da ideia que tenho da Divindade, na qual nada se encontra apenas em potência, mas tudo é aí em ato e efetivamente. E, mesmo assim, não é um argumento infalível e certíssimo de imperfeição em meu conhecimento o fato de tornar-se ele maior pouco a pouco e aumentar por graus? Ademais, ainda que meu conhecimento aumentasse progressivamente, não obstante não deixo de conceber que ele não poderia ser infinito em ato, uma vez que jamais chegará a um tão elevado ponto de perfeição que não seja ainda capaz de adquirir algum maior aumento. Mas concebo Deus infinito em ato em um grau tão elevado que não é possível nada acrescer à perfeição soberana que ele possui. E, enfim, compreendo muito bem que o ser objetivo de uma ideia não pode ser produzido por um ser existente apenas em potência, o qual, falando propriamente, não é nada, mas somente por um ser formal ou em ato.

E certamente nada vejo em tudo que acabo de dizer que não seja facílimo de conhecer graças à luz natural por parte de todos que desejarão meticulosamente pensar nisso. Mas quando fico ligeiramente desatento, meu espí-

26 *beaucoup de choses en puissance, qui n'y sont pas encore actuellement, [...]*: Descartes utiliza pontualmente os conceitos tradicionais aristotélicos de potência (δυναμις [*dynamis*]) e de ato (ενεργεια [*energeia*]).

rito, encontrando-se obscurecido e como que cegado pelas imagens das coisas sensíveis, não recorda facilmente a razão porque a ideia que tenho de um ser mais perfeito do que o meu deve necessariamente ter sido colocada em mim por um ser que seja efetivamente mais perfeito.

É por isso que quero aqui prosseguir sem me deixar deter e considerar se eu mesmo, que tenho essa ideia de Deus, poderia ser se não houvesse Deus. E pergunto: a quem deveria eu minha existência? Talvez a mim mesmo, ou a meus pais, ou então a quaisquer outras causas menos perfeitas do que Deus, pois não é possível imaginar nada mais perfeito do que ele, nem mesmo igual a ele.

Ora, se eu fosse independente de qualquer outro, e fosse eu mesmo o autor de meu ser, decerto não duvidaria de coisa alguma, não conceberia mais desejos e, enfim, a mim não faltaria nenhuma perfeição; com efeito, teria concedido a mim mesmo todas as perfeições das quais tenho em mim alguma ideia, e assim eu seria Deus.

E não devo imaginar que as coisas de que careço sejam talvez de aquisição mais difícil do que aquelas de que já tenho a posse; com efeito, ao contrário, não há a menor dúvida de que teria sido muito mais difícil que eu, isto é, uma coisa ou uma substância que pensa tivesse saído do nada, do que me seria adquirir as luzes e os conhecimentos de diversas coisas que ignoro, e que são somente acidentes dessa substância. E, assim, sem dificuldade, se eu houvesse dado a mim mesmo esse mais que acabo de indicar, isto é, se fosse o autor de meu nascimento e de minha existência, não seria privado ao menos das coisas que são de aquisição mais fácil, nomeadamente de muitos conhecimentos dos quais minha natureza é destituída; eu não seria privado tampouco de nenhuma das coisas que estão encerradas na ideia que concebo de Deus, porque não há nenhuma cuja aquisição me pareça mais difícil; e se houvesse alguma, com certeza ela me pareceria tal (a supor que eu recebesse de mim todas as demais coisas que possuo), uma vez que experimentaria que meu poder findaria aí e não seria capaz de aí chegar.

E mesmo que eu pudesse supor que talvez tenha sido sempre como sou agora, não poderia, em função disso, evitar a força desse raciocínio e deixar de estar ciente de que é necessário ser Deus o autor de minha existência. Com efeito, todo o tempo de minha vida pode ser dividido em uma infinidade de partes, cada uma das quais não depende em absoluto das outras; e, assim, do fato de ter sido há pouco não resulta que eu deva agora ser, a não ser que neste instante alguma causa me produza e crie, por assim dizer, novamente, isto é, me conserve.

Com efeito, é algo bastante claro e bastante evidente (a todos aqueles que considerarão atentamente a natureza do tempo), que uma substância, para ser conservada em todos os momentos de sua duração, necessita do mesmo poder e da mesma ação que seriam necessários para produzi-la e criá-la novamente, se ainda não fosse. A conclusão é que a luz natural nos mostra claramente que a conservação e a criação diferem tão só com respeito ao nosso modo de pensar, e não efetivamente. Portanto, é necessário aqui apenas que interrogue a mim mesmo para saber se possuo algum poder e alguma virtude capaz de fazer com que eu, que sou agora, seja ainda no futuro, pois uma vez que sou apenas uma coisa que pensa (ou, ao menos, uma vez que se trata ainda até aqui precisamente dessa parte de mim mesmo), se um tal poder residisse em mim, certamente eu deveria, no mínimo, pensá-lo e dele ter conhecimento. Não sinto, porém, nenhum dentro de mim, pelo que estou evidentemente ciente de que dependo de algum ser distinto de mim.

Pode ser também que esse ser do qual dependo não seja o que chamo de Deus e que eu seja produzido ou por meus pais ou por quaisquer outras causas menos perfeitas do que ele? Bem pelo contrário, não é possível que seja assim, pois como já disse antes, haver ao menos tanta realidade na causa quanto em seu efeito é algo bastante evidente. Portanto, uma vez que sou uma coisa que pensa, e que tenho em mim alguma ideia de Deus, não importa qual seja, enfim, a causa que se atribui à minha natureza, impõe-se admitir necessariamente dever ser ela identicamente uma coisa que pensa e possuir em si a ideia de todas as perfeições por mim atribuídas à natureza divina. Em seguida, pode-se mais uma vez investigar se essa causa se origina de si mesma e existe a partir de si mesma, ou deve sua origem e sua existência a alguma outra coisa. Com efeito, se ela se origina de si mesma, conclui-se, pelas razões que aleguei precedentemente, dever ser ela mesma Deus, visto que tendo a virtude de ser e de existir por si, deve também ter indubitavelmente o poder de possuir em ato todas as perfeições cujas ideias concebe, isto é, todas aquelas que concebo estarem em Deus. Se sua existência se dá a partir de uma causa distinta de si, indagar-se-á mais uma vez, por idêntica razão, acerca dessa segunda causa, se é própria ou de outro até que gradualmente se chegue enfim a uma derradeira causa que se descobrirá ser Deus. E é bastante evidente que, no que respeita a isso, não pode haver progressão ao infinito, visto que não se trata tanto aqui da causa que me produziu outrora, como da que presentemente a mim conserva.

Também não se pode simular que talvez várias causas contribuíram conjuntamente de modo parcial para minha produção, e que de uma delas acolhi a ideia de uma das perfeições que atribuo a Deus, e de outra a ideia de alguma outra, de modo que todas essas perfeições encontram-se positivamente, na verdade, em alguma parte no universo, porém não se encontram todas unidas e reunidas em uma única perfeição que seja Deus, pois, pelo contrário, a unidade, a simplicidade, ou inseparabilidade de todas as coisas que estão em Deus, é uma das principais perfeições que concebo nele existir. E certamente a ideia dessa unidade e reunião de todas as perfeições de Deus não pôde ser instalada em mim por nenhuma causa, da qual eu não haja recebido também as ideias de todas as outras perfeições. Com efeito, não é possível que ela me tenha feito compreendê-las ao mesmo tempo unidas e inseparáveis, sem ter feito ao mesmo tempo com que eu soubesse o que eram elas, e que eu a todas conhecesse de algum modo.

No que respeita aos meus pais, dos quais parece que extraio meu nascimento, ainda que tudo que eu tenha podido algum dia crer a respeito seja verdadeiro, isso não faz, contudo, com que sejam eles os meus conservadores, nem que me hajam feito e produzido como ser que é uma coisa que pensa, pois tudo que fizeram foi estabelecer algumas disposições nesta matéria na qual julgo que eu, isto é, meu espírito, o qual unicamente tomo agora por eu mesmo, encontra-se encerrado; e, portanto, não é possível, no que lhes diz respeito, haver aqui nenhuma dificuldade, sendo necessário concluir que, do simples fato de eu existir e de que a ideia de um ser soberanamente perfeito (isto é, a ideia de Deus) está em mim, a existência de Deus é demonstrada com muita evidência.

Tudo que me resta é examinar de que maneira adquiri essa ideia, pois não a recebi por meio dos sentidos e jamais ela foi oferecida a mim contra minha expectativa, como ocorre com as ideias das coisas sensíveis quando estas se apresentam ou parecem se apresentar aos órgãos externos de meus sentidos. Não é igualmente uma pura produção ou ficção de meu espírito, pois não está em meu poder dela subtrair alguma coisa nem a ela adicioná-la. E, consequentemente, não há mais o que dizer senão que, como a ideia de mim mesmo, ela é nascida e produzida comigo no momento em que fui criado.

E decerto não é para se considerar estranho que Deus, ao criar-me, haja posto em mim essa ideia para ser como a marca do trabalhador impressa em sua obra; e não é igualmente necessário que essa marca seja algo de diferente dessa mesma obra. Mas do simples fato de Deus haver me criado mostra-se sumamente crível ter ele me produzido, de alguma maneira, à sua imagem e semelhança, e que eu conceba essa semelhança (na qual está contida a ideia de Deus) por meio da mesma faculdade mediante a qual concebo a mim mesmo, isto é, que quando reflito sobre mim não apenas conheço que sou uma coisa imperfeita, incompleta e dependente de um outro, que tende e aspira sem cessar a algo de melhor e de maior do que sou, como também conheço, ao mesmo tempo, que aquele do qual dependo possui em si todas essas grandes coisas às quais aspiro, cujas ideias encontro em mim, não indefinidamente e somente em potência, mas das quais ele goza de fato, em ato e infinitamente e, assim, que ele é Deus. E toda força do argumento do qual aqui fiz uso para provar a existência de Deus consiste em eu reconhecer que não seria possível que minha natureza fosse tal como é, quer dizer, que eu tivesse em mim a ideia de um Deus se Deus não existisse verdadeiramente, esse mesmo Deus, afirmo, cuja ideia se acha em mim, isto é, que possui todas essas elevadas perfeições das quais nosso espírito pode muito bem ter alguma ideia sem, entretanto, as compreender todas, que não é sujeito a quaisquer falhas e que nada possui de todas as coisas que marcam alguma imperfeição.

Resulta daí bastante evidente não poder ser ele enganador, uma vez que a luz natural nos ensina que o engano depende necessariamente de alguma falha.

Antes, porém, que eu examine isso mais cuidadosamente, e que passe ao exame das outras verdades que se possa daí recolher, parece-me muito oportuno deter-me por algum tempo na contemplação deste Deus totalmente perfeito, apreciar com vagar seus maravilhosos atributos, considerar, admirar e adorar a incomparável beleza dessa luz colossal, ao menos na medida em que a força de meu espírito, que nela permanece, por assim dizer, ofuscada, o poderá me permitir.

Com efeito, como a fé nos ensina que a soberana felicidade da outra vida consiste tão só nessa contemplação da Majestade divina, experimentaremos assim desde agora que semelhante meditação, embora incomparavelmente menos perfeita, leva-nos a desfrutar o maior contentamento que somos capazes de sentir nesta vida.

Quarta Meditação

DO VERDADEIRO E DO FALSO

Estou a tal ponto acostumado nos últimos dias a desligar meu espírito dos sentidos e tenho tão exatamente reparado que há pouquíssimas coisas que se conhece com certeza no que respeita às coisas corpóreas, que há muitas mais que nos são conhecidas no que respeita ao espírito humano, e muitas mais ainda do próprio Deus, que agora desviarei sem nenhuma dificuldade meu pensamento do exame das coisas sensíveis ou imagináveis, para transferi-lo àquelas que, estando liberadas de toda matéria, são puramente inteligíveis.

E, certamente, a ideia que tenho do espírito humano, na qualidade de uma coisa que pensa e não extensa em comprimento, largura e profundidade, e que não participa de nada do que pertence ao corpo, é incomparavelmente mais distinta do que a ideia de qualquer coisa corpórea. E quando considero que duvido, isto é, que sou uma coisa incompleta e dependente, a ideia de um ser completo e independente, quer dizer, de Deus, apresenta-se a meu espírito com igual distinção e clareza; e unicamente pelo fato de essa ideia se encontrar em mim, ou então de eu ser ou existir, eu que possuo essa ideia, concluo tão evidentemente pela existência de Deus, e que a minha depende totalmente dele em todos os momentos de minha vida, que não penso que o espírito humano nada possa conhecer com maior evidência e certeza. E já me parece que descubro uma senda que nos conduzirá desta contemplação do verdadeiro Deus (no qual estão encerrados todos os tesouros da ciência e da sabedoria) ao conhecimento das demais coisas do universo.

Com efeito, primeiramente reconheço ser impossível ele em tempo algum me enganar, uma vez que em toda fraude e engano encontra-se alguma espécie de imperfeição. E embora pareça que ser capaz de enganar seja uma marca de perspicácia[27], ou de poder, querer enganar, contudo, revela indubitavelmente fraqueza ou velhacaria. E, portanto, não é possível encontrar isso em Deus.

Posteriormente experimento em mim mesmo certo poder de julgar que sem dúvida recebi de Deus, do mesmo modo que todo o resto das coisas que possuo; e como ele não desejaria enganar-me, é certo que não o deu a mim de modo que eu possa algum dia errar no momento em que o usar como convém. E não restaria nenhuma dúvida dessa verdade se não se pudesse daí, parece, extrair esta consequência, que assim, portanto, não sou por mim jamais enganado; com efeito, se recebi

27 *subtilité.*

de Deus tudo que possuo e se ele não me concedeu poder para errar[28], parece que não devo jamais enganar-me. E, na verdade, toda vez que só penso em Deus não descubro em mim nenhuma causa de erro ou de falsidade. Mas depois, voltando a mim, a experiência me mostra que estou, contudo, sujeito a uma infinidade de erros, dos quais, investigando a causa mais detidamente, observo que não se apresenta a meu pensamento somente uma ideia real e positiva de Deus, ou então de um ser soberanamente perfeito, mas também, por assim dizer, uma certa ideia negativa do nada, isto é, daquilo que está infinitamente distanciado de toda espécie de perfeição; e que sou como um meio entre Deus e o nada, isto é, colocado de tal modo entre o ser soberano e o não ser quc não se encontra, em verdade, nada em mim que possa me conduzir ao erro, na medida em que um ser soberano me produziu; mas que, se me considero como participante de alguma maneira do nada ou do não ser, isto é, na medida em que não sou eu mesmo o ser soberano, acho-me exposto a uma infinidade de faltas, de modo que não é de me surpreender se me engano.

Assim fico sabendo que o erro, como tal, não é algo de real que depende de Deus, mas que não passa de uma falha; e, portanto, que para errar não careço de qualquer poder que me tenha sido dado por Deus particularmente para essa finalidade, mas que acontece de eu me enganar, uma vez que o poder que Deus me concedeu para discernir o verdadeiro do falso não é em mim infinito.

---

28 *puissance pour faillir.*

Todavia, isso ainda completamente não me satisfaz, pois o erro não é uma negação pura, isto é, não é a simples privação ou falta de alguma perfeição que não me é devida, mas antes é uma privação de algum conhecimento que parece dever eu possuir. E considerando a natureza de Deus, não me parece possível que me haja concedido alguma faculdade que seja imperfeita em seu gênero, isto é, que carece de alguma perfeição que lhe seja devida. Com efeito, se é verdade que quanto mais experimentado é o artesão, mais as obras que saem de suas mãos são perfeitas e consumadas, qual ser imaginaríamos ter sido produzido por esse Criador soberano de todas as coisas que não fosse perfeito e inteiramente consumado em todas as suas partes? E certamente não há dúvida de que Deus não pôde criar-me de tal modo que eu não pudesse jamais enganar-me, sendo certo também que quer sempre o que é o melhor; é, portanto, para mim, mais vantajoso errar do que não errar?

Considerando isso mais atentamente, ocorre-me em primeiro lugar ao pensamento que não devo espantar-me se minha inteligência não é capaz de compreender porque Deus faz o que faz, e que, dessa maneira, não tenho nenhuma razão para duvidar de sua existência, pelo fato de talvez perceber, por experiência, muitas outras coisas sem poder compreender porque nem como Deus as produziu. Com efeito, já ciente de que minha natureza é extremamente frágil e limitada e, ao contrário, que a de Deus é imensa, incompreensível e infinita, não me custa mais reconhecer que há uma infinidade de coisas em seu poder cujas causas vão além do alcance de meu espírito. E essa razão por si só é suficiente para persuadir-me de que todo esse gênero de causas, que se tem o costume de extrair do fim, não tem uso algum nas coisas físicas ou naturais, pois não me parece que possa, sem fazê-lo temerariamente, investigar e dispor-me a descobrir os fins insondáveis de Deus.

Ademais, vem-me também ao espírito que não se deve considerar uma só criatura separadamente ao se investigar se as obras de Deus são perfeitas, mas geralmente todas as criaturas em conjunto. Com efeito, a mesma coisa que talvez pudesse com alguma espécie de razão parecer muito imperfeita em sua condição de completo isolamento, encontra-se perfeitíssima em sua natureza se considerada como parte de todo este universo. E ainda que a partir do momento em que tive a intenção de duvidar de todas as coisas, só conheci certamente minha existência e a de Deus, a despeito disso, igualmente a partir do momento em que reconheci o infinito poder de Deus, não poderia negar que ele tenha produzido muitas outras coisas, ou ao menos que possa produzi-las, de modo que eu exista e esteja colocado no mundo como constituindo parte da universalidade de todos os seres.

Disso resulta, olhando-me de mais perto e a considerar quais são meus erros (os quais revelam por si sós haver imperfeição em mim) que descubro que dependem do concurso de duas causas, nomeadamente da faculdade cognitiva[29] que está em mim, e da capacidade de escolha[30], ou então de meu livre-arbítrio, isto é, de

29 *puissance de connaître.*
30 *puissance d'élire.*

meu entendimento associado à minha vontade. Com efeito, mediante o entendimento somente não afirmo nem nego coisa alguma, mas tão só concebo as ideias das coisas que posso afirmar ou negar. Ora, considerando-o assim com precisão, pode-se dizer que não se encontra nele jamais nenhum erro, contanto que se entenda a palavra erro em sua significação própria. E ainda que haja talvez uma infinidade de coisas no mundo das quais em meu entendimento eu não tenha nenhuma ideia, não se pode dizer em razão disso que esteja ele privado dessas ideias, como de qualquer coisa devida à sua natureza, mas apenas que não as possui, porque efetivamente não há nenhuma razão capaz de provar que Deus devesse ter-me concedido uma faculdade cognitiva maior e mais ampla do que a que me concedeu; e, por mais que o represente a mim como trabalhador hábil e sábio, não devo por isso pensar que devesse ele introduzir em cada uma de suas obras todas as perfeições que pode introduzir em algumas. Não posso igualmente queixar-me de que Deus não me concedeu um livre-arbítrio, ou uma vontade suficientemente ampla e perfeita, pois efetivamente a experimento com tal indefinição e amplitude que não está encerrada em quaisquer limites. E o que me parece bastante notável nesse contexto é que, de todas as demais coisas que estão em mim, não há entre elas nenhuma tão perfeita e tão ampla que eu não reconhecesse bem que pudesse ser ainda maior e mais perfeita. Com efeito, por exemplo, se considero a capacidade de conceber que reside em mim, percebo que é sumamente pequena e bastante limitada e, ao mesmo tempo, represento a mim a ideia de outra faculdade muito mais ampla e mesmo infinita; e unicamente pelo fato de poder me representar sua ideia fico sabendo, sem dificuldade que ela pertence à natureza de Deus. Do mesmo modo, se examino a memória, ou a imaginação ou qualquer outra faculdade, entre elas não percebo nenhuma que não seja em mim muito modesta e limitada, e que em Deus não seja imensa e infinita. Somente a vontade experimento em mim como sendo tão grande que não concebo a ideia de nenhuma outra mais ampla e mais extensa, de modo que é ela principalmente que me mostra que possuo a imagem e a semelhança de Deus. Com efeito, ainda que a vontade seja incomparavelmente maior em Deus do que em mim, quer em razão do conhecimento e do poder que nele se encontrando associados tornam-na mais firme e mais eficaz, quer em razão do objeto, na medida em que se dirige e se estende infinitamente a mais coisas, não me parece, entretanto, maior se a considero formal e precisamente em si mesma; pois ela consiste apenas em nossa capacidade de fazer algo ou não o fazer (isto é, afirmar ou negar, perseguir ou fugir), ou antes, apenas no fato de que, para afirmar ou negar, perseguir ou fugir das coisas por nós propostas pelo entendimento agimos de um tal modo a não sentirmos que nenhuma força exterior nos constrange a isso. Com efeito, para que eu seja livre não é necessário que eu seja indiferente no que respeita a eleger um ou outro de dois contrários, mas antes, quanto mais me inclino para um, quer porque sei evidentemente que o bem e o verdadeiro nele se encontram, quer porque Deus assim dispõe o interior de meu pensamento, mais livremente faço dele a escolha e o adoto. E, com certeza, a graça divina e o conhecimento natural, bem longe de diminuir minha liberdade, mais a aumentam e a fortalecem. O resultado é essa indiferença que sinto, quando não sou levado para um lado mais do que para outro pelo peso de nenhuma razão, ser o grau mais inferior da liberdade, e mais fazer parecer uma falha no conhecimento do que uma perfeição na vontade, pois se eu conhecesse sempre com clareza o que é verdadeiro e o que é bom, jamais teria dificuldade quanto a deliberar qual juízo e qual escolha deveria realizar; e, portanto, seria inteiramente livre sem nunca ser indiferente.

Com base em tudo isso, reconheço que nem a faculdade volitiva[31], que recebi de Deus, é ela mesma por si a causa de meus erros (pois é muito ampla e muito perfeita em sua espécie), nem também a faculdade de entender ou de conceber; com efeito, nada concebendo a não ser mediante essa faculdade a mim concedida por Deus para conceber, não há dúvida de que, tudo que concebo, concebo como convém, e não é possível que me engane nisso. De onde, portanto, provêm meus erros? Nomeadamente pelo fato exclusivo de que sendo a vontade muito mais ampla e muito mais extensa do que o entendimento, não a contenho em idênticos limites, estendendo-a também às coisas que não entendo, em relação às quais, sendo ela por si indiferente, desencaminha-se com suma facilidade e escolhe o mal em lugar do bem, ou o falso em lugar do verdadeiro, o que faz com que eu me engane e com que eu peque.

31 *puissance de vouloir.*

Por exemplo, examinando nos últimos dias se alguma coisa existia no mundo, e sabendo que pelo mero fato de que examinava essa questão era de se concluir muito evidentemente que eu mesmo existia, não podia impedir-me de julgar que algo que concebia com tanta clareza era verdadeiro, não que a isso me achasse forçado por nenhuma causa exterior, mas somente porque de uma grande clareza que estava em meu entendimento resultou uma grande inclinação em minha vontade; e fui levado a crer com tanto maior liberdade quanto me encontrei com menor indiferença. Pelo contrário, agora não sei apenas que existo na qualidade de ser uma coisa que pensa, mas apresenta-se também a meu espírito certa ideia da natureza corpórea, o que me faz duvidar se essa natureza que pensa, que está em mim, ou antes mediante a qual sou o que sou, difere dessa natureza corpórea, ou então se as duas são tão só uma mesma coisa. E suponho aqui que não conheço ainda nenhuma razão a me persuadir mais disso do que daquilo, do que decorre ser eu inteiramente indiferente quanto a negá-lo ou a afirmá-lo, ou até mesmo quanto a me abster de emitir qualquer juízo sobre isso.

E essa indiferença não se estende apenas às coisas em relação às quais o entendimento tudo desconhece, mas geralmente também a todas aquelas não reveladas por ele com perfeita clareza, no momento em que a vontade delibera acerca delas; com efeito, por prováveis que sejam as conjeturas que me predispõem a julgar qualquer coisa, o único conhecimento que tenho de que não passam de conjeturas e não razões certas e indubitáveis, basta para me oferecer oportunidade de julgar o contrário. É o que experimentei suficientemente nestes últimos dias ao estabelecer como falso tudo o que tivera antes como muito verdadeiro pelo único fato de ter observado que de algum modo podia ser objeto de dúvida.

Ora, se me abstenho de emitir meu juízo sobre uma coisa quando não a concebo com suficiente clareza e distinção, é evidente que dele me sirvo muito bem e que não sou enganado. Mas se me determino a negá-la ou a afirmá-la, resulta que não me sirvo mais como devo de meu livre-arbítrio; e se afirmo o que não é verdadeiro, é evidente que me engano; e mesmo, inclusive, no caso de eu julgar segundo a verdade, isso ocorre apenas fortuitamente, e não deixo de errar e de fazer mau uso do meu livre-arbítrio, pois a luz natural nos ensina que o conhecimento do entendimento deve sempre se antepor à determinação da vontade. E é nesse mau uso do livre-arbítrio que está a privação constituinte da forma do erro. A privação, digo eu, reside na operação como procedente de mim, mas não se encontra no poder que recebi de Deus, nem mesmo na operação como dependente dele. Com efeito, não tenho certamente nenhum motivo para me queixar de que Deus não me concedeu uma inteligência mais capaz, ou uma luz natural maior do que aquela que tenho a partir dele, visto que efetivamente é próprio do entendimento finito não compreender uma infinidade de coisas, e próprio de um entendimento criado ser finito: tenho, contudo, todos os motivos para render-lhe graças por, nada tendo jamais a mim devido, haver-me concedido, entretanto, todas as poucas perfeições que estão em mim; bem longe estou de conceber sentimentos tão injustos a imaginar que me tenha ele subtraído ou retido injustamente as outras perfeições que não me concedeu. Não tenho igualmente motivo para me queixar de me haver ele concedido uma vontade mais ampla do que o entendimento, uma vez que não consistindo a vontade senão em uma só coisa e sendo seu sujeito como que indivisível, parece ser sua natureza tal que nada dela se poderia tirar sem destruí-la. E decerto quanto mais ela se revela grande, mais tenho a agradecer à bondade daquele que a concedeu a mim. E, enfim, não devo também me queixar por Deus contribuir comigo para formar os atos dessa vontade, isto é, os juízos nos quais me engano, porque esses atos são inteiramente verdadeiros e absolutamente bons na qualidade de dependentes de Deus; e há, por assim dizer, mais perfeição em minha natureza por poder eu formá-los do que se não os pudesse formar. No que respeita à privação, na qual exclusivamente consiste a razão formal do erro e do pecado, ela prescinde de qualquer ajuda de Deus, pois não é uma coisa ou um ser, e se é relacionada a Deus como à sua causa, não deve ser chamada de privação, mas tão só negação segundo a significação escolástica dada a essas palavras.

Pois efetivamente não é em Deus decerto uma imperfeição ter ele me concedido a liberdade de emitir meu juízo, ou de não o emitir, sobre certas coisas das quais ele não colocou em meu entendimento um conhecimento claro e distinto. Mas é, sem dúvida, em mim uma imperfeição não a usar bem e emitir temerariamente meu juízo a respeito de coisas que concebo somente com obscuridade e confusão.

Vejo, entretanto, que era fácil para Deus fazer com que eu jamais me enganasse, ainda que permanecesse livre e detentor de um conhecimento limitado, nomeadamente proporcionando a meu entendimento uma compreensão clara e distinta de todas as coisas em relação às quais devia algum dia deliberar, ou então somente se ele houvesse gravado tão profundamente em minha memória a resolução de não julgar jamais nenhuma coisa sem a conceber clara e distintamente que eu não a pudesse esquecer jamais. E positivamente observo que enquanto me considero completamente só, como se houvesse apenas eu no mundo, teria sido muito mais perfeito do que sou se Deus me tivesse criado de tal maneira que eu nunca errasse. Mas, por conta disso, não posso negar que exista, de algum modo, uma perfeição maior em todo o universo pelo fato de algumas de suas partes não serem isentas de falhas, do que se fossem todas semelhantes. E nenhum direito tenho de me queixar se Deus, tendo-me instalado no mundo, não quis colocar-me na categoria das coisas mais nobres e mais perfeitas. Até mesmo tenho um motivo legítimo para me contentar com o fato de que se ele não me concedeu a virtude de não errar pelo primeiro meio que declarei anteriormente, que depende de um conhecimento claro e evidente de todas as coisas acerca das quais posso deliberar, ao menos deixou em meu poder o outro meio, que é o de conservar firmemente a resolução de jamais emitir meu juízo a respeito de coisas cuja verdade não me é claramente conhecida. Com efeito, ainda que observe essa fraqueza em minha natureza, a de não poder fixar continuamente meu espírito em um mesmo pensamento, posso, contudo, por meio de uma meditação atenta e frequentemente reiterada, imprimi-lo tão vigorosamente na memória que não deixo jamais de relembrar disso todas as vezes que o necessito, e de adquirir desse modo o hábito de não errar. E na medida em que é nisso que consiste a maior e principal perfeição humana, estimo não haver ganhado pouco por esta Meditação, a saber, haver descoberto a causa das falsidades e dos erros.

E certamente não é possível haver outra causa senão aquela que expliquei, pois todas as vezes que retenho a tal ponto minha vontade nos limites de meu conhecimento que ela não produz nenhum juízo exceto o das coisas que a ela são clara e distintamente representadas pelo entendimento, não é possível que eu me engane, isto porque toda concepção clara e distinta é indubitavelmente algo de real e de positivo e, portanto, não pode originar-se do nada, devendo, pelo contrário, ter Deus como seu autor, Deus, digo, que sendo soberanamente perfeito, não pode ser causa de erro algum; e, consequentemente, é preciso concluir que tal concepção ou tal juízo é verdadeiro.

De resto, não só aprendi hoje o que devo evitar para não mais errar, como também o que devo fazer para atingir o conhecimento da verdade, pois certamente eu o atingirei se detenho suficientemente minha atenção em todas as coisas que conceberei perfeitamente, e se as separo das outras que compreendo tão só com confusão e obscuridade, ao que daqui por diante prestarei cuidadosamente atenção.

Quinta Meditação

DA ESSÊNCIA DAS COISAS MATERIAIS E, MAIS UMA VEZ, DE DEUS, QUE EXISTE

Resta-me grande quantidade de outras coisas para examinar, no tocante aos atributos de Deus e no tocante à minha própria natureza, isto é, a do meu espírito, porém retomarei a investigação disso talvez em outra ocasião. Agora (após haver observado o que é necessário fazer ou evitar para atingir o conhecimento da verdade), o que tenho principalmente a realizar é tentar sair e desembaraçar-me de todas as dúvidas em que caí nestes últimos dias e verificar se não é possível conhecer nada de certo no que toca às coisas materiais.

Mas antes de examinar se há tais coisas que existem externamente a mim, devo considerar suas ideias enquanto presentes em meu pensamento[32], e distinguir as claras das confusas.

---

32 *en tant qu'elles sont en ma pensée.*

Em primeiro lugar, imagino distintamente essa quantidade que os filósofos chamam correntemente de quantidade contínua, ou então extensão, largura e profundidade que estão nessa quantidade, ou antes, na coisa à qual é atribuída. Ademais, posso nela enumerar muitas partes diversas e atribuir a cada uma dessas partes todas as espécies de grandezas, de figuras, de situações e de movimentos; e, enfim, posso atribuir a cada um desses movimentos todos os tipos de duração.

E não me limito a conhecer essas coisas distintamente quando as considero em geral, como também, por pouco que aí aplique minha atenção, concebo uma infinidade de particularidades no que diz respeito aos números, às figuras, aos movimentos e a outras coisas semelhantes cuja verdade se mostra com tanta evidência e se harmoniza tão bem com minha natureza que, no momento em que principio a descobri-las, não me parece que aprendo nada de novo, mas antes que me relembro do que já sabia antes, isto é, que me dou conta das coisas que já estavam em meu espírito, embora não tivesse ainda voltado meu pensamento para elas.

E o que descubro aqui de mais considerável é encontrar em mim uma infinidade de ideias de certas coisas que não podem ser estimadas como um puro nada, ainda que talvez não possuam nenhuma existência fora de meu pensamento e não são por mim simuladas, ainda que esteja em minha liberdade pensá-las ou não pensá-las. Entretanto, elas têm suas naturezas verdadeiras e imutáveis. Por exemplo, quando imagino um triângulo, ainda que não haja talvez em nenhum local do mundo fora de meu pensamento tal figura e que jamais tenha havido, não deixa, todavia, de haver certa natureza, ou forma, ou essência determinada dessa figura, que é imutável e eterna, que não foi inventada por mim e que não depende de modo algum de meu espírito; como parece que se pode demonstrar diversas propriedades desse triângulo, nomeadamente que os três ângulos são iguais a dois retos, que o ângulo maior é sustentado pelo lado maior, e outras semelhantes, as quais agora, queira eu ou não, reconheço muito clara e evidentemente nele estarem, ainda que não haja antes nisso pensado de maneira alguma ao imaginar pela primeira vez um triângulo; e, portanto, não se pode dizer que eu as simulei e inventei.

E aqui nada me resta senão contestar-me, que talvez essa ideia do triângulo tenha chegado a meu espírito por intermédio de meus sentidos por ter eu visto ocasionalmente corpos de figura triangular; com efeito, posso formar em meu espírito uma miríade de outras figuras, em relação às quais não se pode ter a menor suspeita de que algum dia hajam afetado meus sentidos, com o que, entretanto, não deixo de poder demonstrar diversas propriedades referentes à sua natureza, bem como referentes àquela do triângulo, propriedades que certamente devem ser todas verdadeiras, uma vez que as concebo claramente. Portanto, essas coisas são algo e não um puro nada, pois é bastante evidente que tudo que é verdadeiro é algo, e já demonstrei de forma ampla anteriormente que todas as coisas que conheço clara e distintamente são verdadeiras. E mesmo que não o tivesse demonstrado, a despeito disso a natureza de meu espírito é tal que eu não poderia impedir-me de classificá-las como verdadeiras enquanto as concebo clara e distintamente. E me recordo que mesmo quando me achava ainda fortemente ligado aos objetos dos sentidos, tinha estimado entre as verdades mais constantes as concebidas por mim clara e distintamente com referência às figuras, aos números e às outras coisas que pertencem à aritmética e à geometria.

Ora, se do mero fato de extrair de meu pensamento a ideia de alguma coisa resulta que tudo que reconheço clara e distintamente pertence a essa coisa efetivamente, não posso disso extrair um argumento e uma prova demonstrativa da existência de Deus? É certo que em mim não encontro menos sua ideia, isto é, a ideia de um ser soberanamente perfeito do que a de alguma figura ou de algum número que seja. E não conheço menos clara e distintamente que uma existência em ato e eterna pertence à sua natureza do que conheço que tudo aquilo que posso demonstrar de alguma figura ou de algum número pertence verdadeiramente à natureza dessa figura ou desse número. E, portanto, embora tudo que concluí nas Meditações precedentes não se reconhecesse como verdadeiro, a existência de Deus deve passar em meu espírito ao menos por tão certa quanto aquilatei até aqui todas as verdades das matemáticas[33], que só se referem aos números e às figuras, ainda que na verdade isso não pareça, em primeiro lugar, inteiramente evidente, tendo sim certa aparência de sofisma, pois estando acostumado em todas as outras coisas a distinguir entre existência e essência, persuado-me

33 *mathématiques*, mas Descartes se refere especialmente à aritmética e à geometria.

facilmente que a existência pode ser dissociada da essência de Deus e que, assim, se pode conceber Deus como não existente em ato. Entretanto, quando penso nisso com mais atenção, descubro com evidência que a existência não pode mais ser dissociada da essência de Deus do que da essência de um triângulo retilíneo a grandeza de seus três ângulos iguais a dois retos, ou então da ideia de uma montanha, a ideia de um vale. Resulta não haver menos contradição em conceber um Deus (isto é, um ser soberanamente perfeito) ao qual falte a existência (isto é, ao qual falte alguma perfeição) do que em conceber uma montanha que não possui vale.

Mas ainda que efetivamente eu não conceba um Deus sem existência, não mais que uma montanha destituída de vale, todavia por unicamente conceber uma montanha com um vale não se conclui que haja alguma montanha no mundo, do mesmo modo também que embora eu conceba Deus com a existência, parece não resultar por isso que haja algum que exista, pois meu pensamento não impõe nenhuma necessidade às coisas; e como depende exclusivamente de mim imaginar um cavalo alado, embora não haja nenhum que tenha asas, assim eu poderia talvez atribuir a existência a Deus, embora não houvesse nenhum Deus existente. Bem pelo contrário, é aqui que há um sofisma oculto sob a aparência de tal objeção, pois por não poder eu conceber uma montanha sem vale não resulta que haja no mundo alguma montanha, nem algum vale, mas apenas que a montanha e o vale, existam ou não existam, não podem de maneira alguma se separar um do outro; enquanto, unicamente por eu não poder conceber Deus sem existência resulta que a existência é indissociável dele e, portanto, que possa ele existir verdadeiramente: não que meu pensamento possa determinar que seja assim, e que imponha alguma necessidade às coisas, mas, pelo contrário, porque a necessidade da própria coisa, nomeadamente da existência de Deus, determina que meu pensamento o conceba desse modo. Com efeito, não disponho de liberdade para conceber um Deus sem existência (isto é, um ser soberanamente perfeito sem uma perfeição soberana) como disponho de liberdade para imaginar um cavalo sem asas ou com asas.

E não se deve dizer aqui que é necessário na verdade eu admitir que Deus exista após ter suposto que ele possui todos os tipos de perfeições, uma vez que a existência nele é uma delas, mas que efetivamente minha primeira suposição era desnecessária; do mesmo modo que não é necessário pensar que todas as figuras de quatro lados podem ser inscritas no círculo, porém que, supondo ter eu esse pensamento sou constrangido a admitir que o losango pode ser inscrito no círculo porque é uma figura de quatro lados; e assim serei constrangido a admitir algo falso. Não se deve, afirmo, alegá-lo, pois ainda que não seja necessário incorrer jamais em nenhum pensamento de Deus, todas as vezes, entretanto, que me acontece de pensar em um ser primeiro e soberano e de tirar, por assim dizer, sua ideia do tesouro de meu espírito, é imperioso que eu lhe atribua todas as espécies de perfeições, ainda que eu não venha a enumerá-las todas e a aplicar minha atenção a cada uma delas em particular. E essa necessidade é suficiente para me levar a concluir (após haver reconhecido que a existência é uma perfeição) que esse ser primeiro e soberano existe verdadeiramente: do mesmo modo que não é imperioso que eu imagine jamais algum triângulo. Mas sempre que quero considerar uma figura retilínea composta somente de três ângulos, é absolutamente imperioso que atribua a ela todas as coisas que servem para concluir que seus três ângulos não são maiores do que dois retos, embora talvez não considere então isso em particular. Mas quando examino quais figuras são capazes de serem inscritas no círculo, não se faz de modo algum necessário eu pensar que todas as figuras de quatro lados pertencem a esse número; pelo contrário, não posso sequer simular que seja isso, enquanto não desejar nada receber em meu pensamento a não ser aquilo que poderei conceber clara e distintamente. E, consequentemente, existe uma grande diferença entre as falsas suposições, como é o caso desta em pauta, e as verdadeiras ideias que nasceram comigo, entre as quais a primeira e principal é a de Deus.

Efetivamente reconheço de várias maneiras que essa ideia não é nada de simulado ou inventado, somente dependente de meu pensamento, mas a imagem de uma natureza verdadeira e imutável. Primeiramente, porque eu não poderia conceber outra coisa senão unicamente Deus, à essência da qual a existência necessariamente pertence. A seguir, também porque não me é possível conceber dois ou muitos Deuses de igual modo. E, suposto que haja dele um agora que existe[34], percebo claramente ser necessário que ele tenha sido antes por toda

34 *Et, posé qu'il y en ait un maintenant qui existe.*

a eternidade, e que seja eternamente no futuro. E, enfim, porque conheço uma miríade de outras coisas em Deus, das quais nada posso diminuir nem mudar.

De resto, não importa de que prova e argumento me sirvo, é preciso sempre voltar à noção de que só há as coisas que concebo clara e distintamente que possuem a força de me persuadir inteiramente. E embora entre as coisas que concebo dessa espécie haja na verdade algumas evidentemente conhecidas de cada um, e que haja outras também que só são descobertas por aqueles que as consideram mais detidamente e que as examinam com maior precisão, contudo, após serem descobertas uma vez, não são aquilatadas como menos certas umas do que as outras. Como, por exemplo, em todo triângulo retângulo, embora não pareça à primeira vista tão facilmente que o quadrado da base seja igual aos quadrados dos dois outros lados, no entanto, como é evidente que essa base é oposta ao ângulo maior, visto ter isso sido reconhecido uma vez, está-se persuadido igualmente tanto de uma verdade quanto da outra. E, pelo que diz respeito a Deus, certamente se meu espírito não estivesse prevenido quanto a alguns preconceitos e meu pensamento não se encontrasse distraído devido à presença contínua das imagens das coisas sensíveis, não haveria coisa alguma que eu conhecesse mais nem com maior facilidade do que ele. Há, com efeito, algo por si só mais claro e mais evidente do que pensar que há um Deus, isto é, um ser soberano e perfeito em cuja ideia unicamente a existência necessária ou eterna está compreendida e, consequentemente, que existe?

E ainda que para bem conceber essa verdade tenha eu necessitado de um grande empenho intelectual, presentemente, todavia, não somente me encontro dela tão seguro quanto de tudo aquilo que se afigura o mais certo; mas, além disso, reparo que a certeza de todas as outras coisas dela depende tão absolutamente que sem esse conhecimento é impossível poder, algum dia, saber perfeitamente algo.

Com efeito, ainda que eu seja de tal natureza que, a partir do momento em que compreendo algo muito clara e distintamente, sou levado naturalmente a crê-lo verdadeiro, apesar disso, porque sou também de tal natureza que não posso ter o espírito sempre preso a uma mesma coisa, e frequentemente lembro-me de haver julgado uma coisa ser verdadeira, quando paro de considerar as razões que me obrigaram a julgá-la como tal, pode suceder durante esses momentos que outras razões se apresentem a mim, as quais me fariam facilmente mudar de opinião, ignorasse eu que houvesse um Deus. A consequência seria não ter eu jamais uma ciência verdadeira e certa de qualquer coisa, mas apenas opiniões vagas e instáveis.

Por exemplo, quando considero a natureza do triângulo, sei evidentemente, eu que sou um pouco versado em geometria, que seus três ângulos são iguais a dois ângulos retos, e não é a mim possível não crer nisso enquanto aplico meu pensamento à sua demonstração; mas tão logo dela me desvio, ainda que me recorde de tê-la compreendido com clareza, é possível, todavia, facilmente ocorrer de eu duvidar de sua verdade se ignorar que haja um Deus. Com efeito, posso persuadir-me de ter sido feito tal pela natureza que possa facilmente enganar-me, até nas coisas que acredito compreender com o máximo de evidência e de certeza, posto, sobretudo, que me recordo de haver com frequência avaliado muitas coisas como verdadeiras e certas, as quais posteriormente outras razões levaram-me a julgar absolutamente falsas.

Depois, porém, que reconheci que há um Deus, porque concomitantemente reconheci também que todas as coisas dependem dele e que ele não é enganador, e que em decorrência disso julguei que tudo que concebo clara e distintamente não pode deixar de ser verdadeiro (a despeito de não pensar mais nas razões pelas quais julguei ser isso verdadeiro, isto sob a condição de me recordar de o haver clara e distintamente compreendido), ninguém pode me apresentar nenhuma razão contrária que me faça em tempo algum colocá-lo em dúvida; e assim tenho disso uma ciência verdadeira e certa. E essa mesma ciência estende-se também a todas as demais coisas que me recordo haver outrora demonstrado, como às verdades da geometria e a outras similares: com efeito, o que se pode a mim objetar para forçar-me a submetê-las à dúvida? Dir-me-ão que minha natureza é tal que estou sumamente sujeito a me enganar?

Mas já sei que não posso enganar-me nos juízos dos quais conheço claramente as razões. Dir-me-ão que outrora tive muitas coisas como verdadeiras e certas que posteriormente reconheci como sendo falsas? Mas eu não conhecera clara e distintamente nenhuma dessas coisas, e desconhecendo ainda essa regra mediante a qual me asseguro da verdade eu fora levado a nelas crer por razões que reconheci mais tarde serem menos fortes do que então as imaginara. O que se poderá, portanto, objetar-me mais? Que talvez eu durma (como precedentemente eu objetara a mim mesmo), ou então que todos os pensamentos que possuo agora não são mais verdadeiros do que as fantasias que imaginamos quando adormecidos? Mas mesmo que eu positivamente dormisse tudo aquilo que se apresenta a meu espírito com evidência é absolutamente verdadeiro. E assim reconheço com muita clareza que a certeza e a verdade de toda ciência dependem exclusivamente do conhecimento do verdadeiro Deus, resultando que antes que eu o conhecesse não podia conhecer perfeitamente nenhuma outra coisa. E agora que o conheço, disponho do meio de obter uma ciência perfeita referente a uma miríade de coisas, não apenas daquelas que estão nele, como também daquelas que pertencem à natureza corpórea, na medida em que ela pode ser empregada como objeto às demonstrações dos geômetras, os quais não consideram sua existência.

Sexta Meditação

DA EXISTÊNCIA DAS COISAS MATERIAIS E DA REAL DISTINÇÃO ENTRE A ALMA E O CORPO HUMANOS

Tudo que me resta agora é examinar se há coisas materiais. E certamente ao menos já sei que é possível que haja enquanto se as considere como o objeto das demonstrações de geometria, visto que dessa maneira concebo-as com suma clareza e distinção. Com efeito, não há dúvida de que Deus possui o poder de produzir todas as coisas que sou capaz de conceber distintamente – e jamais julguei ser para ele impossível fazer alguma coisa senão quando descobria a contradição quanto a poder concebê-la bem. Ademais, a faculdade para imaginar que reside em mim, da qual percebo por experiência que me sirvo quando me aplico ao exame das coisas materiais, é capaz de persuadir-me da existência delas; com efeito, quando considero atentamente o que é a imaginação, descubro não ser ela outra coisa senão certa aplicação da faculdade cognitiva ao corpo que lhe é intimamente presente e, portanto, que existe.

E, para tornar isso muito evidente reparo, para começar, a diferença que há entre a imaginação e a intelecção pura ou concepção. Por exemplo, quando imagino um triângulo, não o concebo apenas como uma figura composta e compreendida por três linhas, mas, a se somar a isso, considero essas três linhas como presentes devido à força e à aplicação interior de meu espírito. E é propriamente a isso que chamo de imaginar. Se quero pensar em um quiliógono[35], concebo positiva e verdadeiramente que é uma figura composta de mil lados tão facilmente quanto concebo que um triângulo é uma figura composta somente de três lados. Não posso, porém, imaginar os mil lados de um quiliógono como imagino os três de um triângulo nem, por assim dizer, olhá-los como presentes mediante os olhos de meu espírito. E embora, acatando o costume que tenho de servir-me sempre de minha imaginação, quando penso nas coisas corpóreas, acontece de, ao conceber um quiliógono, a mim represento confusamente qualquer figura, é bastante evidente, entretanto, que essa figura não é um quiliógono, uma vez que não difere absolutamente daquela que eu representaria a mim se pensasse em um miriógono[36], ou em qualquer outra figura de muitos lados, e que não serve de maneira alguma para

35 *chiliogone*: do grego χιλιαγωνος (*khiliagonos*), que significa *de mil ângulos*; substantivando: figura de mil ângulos, vale dizer, de mil lados.

36 *myriogone*: do grego μυριος (*myrios*) ou μυριας (*myrias*), *de dez mil*, ou, por extensão, de número infinito. Descartes tem em mente uma figura geométrica de dez mil ângulos (ou lados).

descobrir as propriedades que constituem a diferença entre o quiliógono e os outros polígonos.

Caso se trate de considerar um pentágono, é positivamente verdadeiro que posso conceber sua figura tão bem como a de um quiliógono sem a ajuda da imaginação. Posso, contudo, também imaginá-la aplicando a atenção de meu espírito a cada um de seus cinco lados e conjuntamente à área ou ao espaço que eles encerram. Desse modo, sei claramente que necessito de uma particular contenção do espírito para imaginar, da qual para conceber não me sirvo; e essa particular contenção do espírito exibe evidentemente a diferença que existe entre a imaginação e a intelecção ou concepção pura.

Reparo, além disso, que essa faculdade da imaginação[37] que reside em mim, enquanto difere do poder de conceber, não é em absoluto necessária à minha natureza ou à minha essência, isto é, à essência de meu espírito; com efeito, ainda que não a possuísse, não há dúvida de que eu me conservaria sempre o mesmo que sou agora, do que parece que se pode concluir que ela depende de algo diferente de meu espírito. E facilmente concebo que na hipótese de existir algum corpo ao qual meu espírito está ligado e unido de tal maneira que ele pudesse dispor-se a considerá-lo quando lhe aprouvesse, pode ser que graças a esse meio ele imagine as coisas corpóreas, de sorte que esse modo de pensar difere da intelecção pura somente em que o espírito, ao conceber, volta-se de alguma maneira para si mesmo e considera alguma das ideias que tem em si; mas, ao imaginar, ele

37 *vertu d'imaginer.*

se volta para o corpo e neste considera algo em consonância com a ideia que formou de si mesmo ou que recebeu pelos sentidos. Digo que concebo facilmente que a imaginação pode ser constituída assim se for verdadeiro que haja corpos; e porque não posso encontrar nenhum outro meio para explicar como é constituída, minha conjectura a partir disso é que provavelmente há corpos: mas isso é apenas provavelmente, e ainda que eu examine cuidadosamente todas as coisas, não descubro, entretanto, que dessa ideia distinta da natureza corpórea, que tenho em minha imaginação, possa extrair algum argumento cuja conclusão necessária seja a existência de algum corpo.

Ora, habituei-me a imaginar muitas outras coisas além dessa natureza corpórea que é o objeto da geometria, nomeadamente as cores, os sons, os sabores, a dor e outras coisas similares, ainda que menos distintamente. E posto que percebo muito melhor essas coisas pelos sentidos, por intermédio dos quais, e da memória, parecem chegar até minha imaginação, creio que para examiná-las com maior facilidade é oportuno examinar concomitantemente o que é perceber sensorialmente[38], e ver se das ideias que recebo em meu espírito mediante esse modo de pensar, que denomino perceber sensorialmente, posso extrair alguma prova certa da existência das coisas corpóreas.

---

38 *sentir*: sentir, mas nossa tradução analítica pretende ressaltar o sentido técnico, distinguindo a percepção sensorial da percepção intelectual. Mantemos essa tradução em todo o contexto imediato que se segue, para então voltarmos, quando oportuno e apropriado, à tradução usual.

Primeiramente evocarei em minha memória quais são as coisas que precedentemente tive como verdadeiras, como as tendo recebido via sentidos, e em quais fundamentos estava apoiada minha crença. Depois examinarei as razões que me obrigaram posteriormente a pô-las em dúvida. Finalmente, considerarei, no que diz respeito a isso, no que devo agora crer.

Primeiramente, portanto, percebi sensorialmente que tinha uma cabeça, mãos, pés, e todos os outros membros dos quais é composto este corpo que considerava como uma parte de mim mesmo, ou talvez também como o todo. Percebi, ademais, sensorialmente, que este corpo estava colocado entre muitos outros, dos quais era ele capaz de receber diversos confortos e desconfortos, e discernia esses confortos por certa sensação de prazer ou de gozo, e esses desconfortos por uma sensação de dor. E além desse prazer e dessa dor percebia sensorialmente também em mim a fome, a sede e outros apetites semelhantes, como também certas inclinações corpóreas para a alegria, a tristeza, a cólera e outras paixões similares. E externamente, além da extensão, das formas, dos movimentos dos corpos eu neles discernia a dureza, o calor e todas as demais qualidades que afetam o tato. Ademais, eu aí discernia luz, cores, cheiros, sabores e sons cuja variedade me permitia distinguir, uns dos outros, o céu, a terra, o mar e, geralmente, todos os outros corpos.

E, certamente, a considerar as ideias de todas essas qualidades que se apresentavam a meu pensamento, únicas qualidades que eu percebia sensorialmente de maneira própria e imediata, não era sem razão que eu acreditava perceber sensorialmente coisas inteiramente diferentes de meu pensamento, nomeadamente corpos dos quais essas ideias procediam. Com efeito, experimentava que elas se apresentavam a ele sem que meu consentimento fosse para isso requisitado, de modo que eu não podia experimentar sensorialmente nenhum objeto, independentemente de qualquer vontade que tivesse para isso se ele não se encontrasse presente no órgão de um de meus sentidos; e não estava absolutamente em meu poder não percebê-lo sensorialmente quando nele se encontrasse presente.

E porque as ideias que recebia via sentidos eram muito mais vivas, mais nitidamente expressas e mesmo, a seu modo, mais distintas do que qualquer daquelas que eu podia simular por mim mesmo meditando, ou então que considerava impressas em minha memória, parecia que não podiam provir de meu espírito, de maneira a ser necessário que fossem em mim produzidas por quaisquer outras coisas. Não tendo de tais coisas nenhum conhecimento senão aquele que essas mesmas ideias me proporcionavam, não era possível acudir-me outra coisa ao espírito senão que aquelas coisas eram semelhantes às ideias por elas produzidas.

E porque me recordava também que mais me servira dos sentidos do que da razão, e que reconhecia que as ideias que formava de mim mesmo não eram tão nitidamente expressas como aquelas recebidas por mim pelos sentidos, e mesmo que eram com a maior frequência compostas das partes destas últimas, persuadia-me facilmente de que não tinha nenhuma ideia em meu espírito que não houvesse anteriormente passado por meus sentidos.

Não era também sem alguma razão que acreditava que este corpo (o qual, por conta de certo direito particular, qualificava de meu) a mim pertencia mais própria e estritamente do que outro, pois efetivamente dele não podia jamais estar separado como dos outros corpos. Experimentava nele e para ele todos meus apetites e todas minhas afecções[39]; e, enfim, era afetado pelos sentimentos de prazer e de dor em suas partes e não naquelas dos outros corpos que dele estão separados.

Quando, porém, examinava porque de qual sentimento de dor que desconheço resulta a tristeza no espírito, e do sentimento de prazer nasce a alegria, ou então porque esta sensação estomacal que desconheço chamada por mim de fome nos leva a ter vontade de comer, e a secura da garganta nos leva a ter vontade de beber, e assim com respeito ao resto, não podia para isso fornecer nenhuma razão, exceto que a natureza a mim o revelava dessa maneira. Com efeito, certamente não há nenhuma afinidade nem nenhuma relação (pelo menos que eu possa compreender) entre essa sensação estomacal e o desejo de comer, não mais do que há entre o sentimento da coisa que causa a dor e o pensamento de tristeza que faz nascer esse sentimento. E, de igual modo, parecia-me que aprendera da natureza todas as outras coisas que julgava dizerem respeito aos objetos de meus sentidos, isso porque observava que os juízos que estava habituado a fazer desses objetos se formavam em mim antes que dispusesse de ócio para pesar e considerar quaisquer razões que me pudessem forçar a fazê-los.

39 Ver nota 20.

Entretanto, posteriormente muitas experiências arruinaram gradativamente toda a crença que eu depositara nos sentidos. Com efeito, mais de uma vez observei que as torres, que de longe me tinham parecido redondas, de perto me pareciam quadradas, e que os colossos, elevados sobre os mais altos cumes dessas torres, pareciam-me pequenas estátuas quando os contemplava de baixo; e, assim, em uma miríade de outras ocasiões, descobri erro nos juízos baseados nos sentidos exteriores. E não somente baseados nos sentidos exteriores, mas inclusive nos interiores, pois há coisa mais íntima ou mais interior do que a dor? E, todavia, soube outrora de algumas pessoas que tinham os braços e as pernas amputados que lhes parecia ainda por vezes ter a percepção sensorial da dor na parte que lhes tinha sido cortada, o que me levava a pensar que não podia igualmente estar seguro de sofrer em algum de meus membros ainda que nele tivesse a percepção sensorial da dor.

E a essas razões para duvidar ainda acrescentei pouco depois duas outras bastante gerais. A primeira é que nunca acreditei perceber sensorialmente nada estando desperto que não possa também ocasionalmente acreditar perceber sensorialmente quando adormecido; e como não creio que as coisas que me parece que percebo sensorialmente dormindo provêm de quaisquer objetos fora de mim, não via porque devesse ter preferivelmente[40] essa crença referente àquelas que parece que percebo sensorialmente estando desperto. A segunda é que não conhecendo ainda, ou melhor, simu-

40 *plutôt.*

lando não conhecer o autor de meu ser, eu nada via que pudesse impedir que não tivesse sido feito de tal modo pela natureza a ponto de enganar-me mesmo nas coisas que me pareciam as mais verdadeiras. E no que toca às razões que precedentemente me haviam persuadido da verdade das coisas sensíveis, não tinha muita dificuldade para dar resposta a isso, pois, parecendo que a natureza me conduzia a muitas coisas das quais a razão me desviava, não acreditava que devia confiar-me muito nas revelações dessa natureza. E ainda que as ideias que recebo via sentidos não dependam de minha vontade, não pensava que se devia por essa razão concluir que procediam de coisas diferentes de mim, uma vez que talvez em mim se possa encontrar alguma faculdade (ainda que me tenha sido até aqui desconhecida) que seja a causa delas, e que as produza.

Agora, porém, que começo a conhecer melhor a mim mesmo e a descobrir com maior clareza o autor de minha origem, não penso, é verdade, que deva temerariamente admitir todas as coisas que os sentidos parecem nos revelar. Mas não penso igualmente que deva colocá-las todas geralmente em dúvida.

Primeiramente, uma vez que sei que todas as coisas que concebo clara e distintamente podem ser produzidas por Deus tais como as concebo, é suficiente que eu possa conceber clara e distintamente uma coisa sem outra para estar certo de que uma é distinta ou diferente da outra, porque podem ser estabelecidas separadamente, ao menos pela onipotência de Deus; e não importa por qual poder essa separação seja realizada para eu ser obrigado a julgá-las diferentes. E, portanto, pelo próprio autoconhecimento certo de que existo, e que, entretanto, não discirno pertencer necessariamente nenhuma outra coisa à minha natureza ou à minha essência senão ser eu uma coisa que pensa, concluo muito positivamente que minha essência consiste nisto somente: nomeadamente que sou uma coisa que pensa, ou uma substância cuja essência total ou natureza é tão só pensar. E ainda que talvez (ou melhor, com certeza, como logo o direi) eu tenha um corpo ao qual estou muito estreitamente unido, a despeito disso, porque por um lado tenho uma ideia clara e distinta de mim mesmo, na medida em que sou somente uma coisa que pensa e não extensa, e por outro tenho uma ideia distinta do corpo, na medida em que este é somente uma coisa extensa e que não pensa, é certo que esse eu, isto é, minha alma, pela qual sou o que sou, é completa e verdadeiramente distinta de meu corpo, e pode ser ou existir sem ele.

Ademais, encontro em mim faculdades de pensar[41] totalmente particulares e distintas de mim, nomeadamente as faculdades da imaginação e da percepção sensorial, sem as quais posso positivamente conceber-me clara e distintamente na totalidade, mas não elas sem mim, isto é, sem uma substância inteligente à qual elas estejam vinculadas. Com efeito, na noção que temos dessas faculdades, ou (para servir-me dos termos escolásticos) em seu conceito formal, encerram alguma espécie de intelecção, em decorrência do que concebo serem elas distintas de mim, como as figuras, os movimentos

41 *facultés de penser*: pensar (*penser*) na precisa acepção cartesiana que se enquadra na noção de que *eu sou uma coisa que pensa (je suis une chose qui pense).* Mas Descartes, em contrapartida, utiliza o termo faculdades (*facultés*) num sentido bastante lato.

e os demais modos ou acidentes dos corpos o são dos próprios corpos que lhes servem de suporte.

Reconheço, ademais, também em mim algumas outras faculdades como aquelas de mudar de lugar[42], de pôr-se em muitas posturas, e outras semelhantes que não podem ser concebidas, não mais do que as anteriores, sem alguma substância a que elas estejam vinculadas, nem, consequentemente, existir sem elas. É bastante evidente, porém, que essas faculdades, se é verdade que existem, devem estar vinculadas a alguma substância corpórea ou extensa e não a uma substância inteligente, visto que em seu conceito claro e distinto há positivamente algum tipo de extensão que se acha contida, mas de modo algum de inteligência. Ademais, em mim reside certa faculdade passiva de perceber sensorialmente, isto é, de receber e de conhecer as ideias das coisas sensíveis; esta, contudo, ser-me-ia inútil e dela eu não poderia de maneira alguma me servir se não houvesse em mim, ou em outrem, outra faculdade ativa que seja capaz de formar e produzir essas ideias. Ora, não é possível que essa faculdade ativa exista em mim na minha qualidade de ser apenas uma coisa que pensa, na medida em que ela não pressupõe meu pensamento e também porque aquelas ideias com frequência me são representadas sem que para isso eu contribua de nenhuma maneira, e mesmo com frequência contra minha vontade. É necessário, portanto, que exista em alguma substância diferente de mim, na qual toda a realidade (que está objetivamente nas ideias que dela

42 Deslocamento.

são produzidas) esteja encerrada formal ou eminentemente (como o observei precedentemente). E essa substância é ou um corpo, isto é, uma natureza corpórea em que está contido formal e efetivamente tudo que está objetivamente e por representação nas ideias, ou então é o próprio Deus, ou alguma outra criatura mais nobre do que o corpo em que isso mesmo está contido de modo eminente.

Ora, não sendo Deus enganador, é bastante evidente não me enviar ele essas ideias imediatamente[43] por si mesmo, nem também pelo intermédio de alguma criatura em que a realidade delas não esteja contida formalmente, mas tão só de forma eminente. Com efeito, não havendo a mim concedido nenhuma faculdade para saber que seja assim, mas, ao contrário, tendo a mim concedido uma inclinação imensa para crer que elas me são enviadas ou que elas partem das coisas corpóreas, não vejo como seria possível escusá-lo de engano, se efetivamente essas ideias partissem ou fossem produzidas por outras causas e não por coisas corpóreas. E, portanto, impõe-se confessar que há coisas corpóreas que existem.

Todavia, elas não são talvez plenamente tais como as percebemos pelos sentidos, pois essa percepção sensorial é muito obscura e confusa no que se refere a muitas coisas; ao menos, contudo, é necessário admitir que todas as coisas que concebo clara e distintamente nesse domínio, isto é, todas as coisas, em termos gerais, que estão compreendidas no objeto da geometria especulativa, são verdadeiramente aí encontradas. Mas no que

43 *immédiatement*, ou seja, sem mediação, diretamente.

respeita a outras coisas, que ou são apenas particulares (por exemplo, que o sol seja de tal magnitude e de tal forma etc.), ou então são concebidas menos clara e distintamente, como a luz, o som, a dor e outras similares, é certo que ainda que sejam sumamente duvidosas e incertas, unicamente de Deus não ser enganador e, em decorrência disso, não ter permitido que possa haver alguma falsidade em minhas opiniões, para cuja correção também não me concedeu alguma faculdade capaz de executar tal correção, creio estar capacitado a concluir seguramente que possuo em mim os meios de conhecê-las com a certeza.

E primeiramente não há como duvidar de que tudo o que a natureza me revela contém alguma verdade. Com efeito, por natureza, considerada em geral, entendo agora tão só o próprio Deus, ou então a ordem e a disposição que Deus instalou nas coisas criadas. E por minha natureza em particular, entendo tão só o encadeamento ou o agregado de todas as coisas a mim concedidas por Deus.

Ora, nada há que essa natureza me revele mais expressamente, nem mais sensivelmente do que ter eu um corpo que se torna maldisposto quando sinto dor, que necessita comer ou beber, quando experimento as sensações da fome ou da sede etc. E, portanto, não devo de modo algum duvidar que não haja nisso alguma verdade.

Também me revela a natureza por essas sensações de dor, de fome, de sede etc., que não estou apenas alojado em meu corpo, como um piloto em seu navio, mas que, além disso, estou a ele unido muito estreitamente e a tal ponto confundido e mesclado que é como se com ele compusesse um único todo. Com efeito, se não fosse assim, quando meu corpo fosse ferido não sentiria a dor por causa disso, eu que sou apenas uma coisa que pensa, mas perceberia esse ferimento unicamente pelo entendimento, como um piloto percebe pela visão a ruptura de algo em seu navio; e quando meu corpo necessitasse beber ou comer, eu conheceria simplesmente isso mesmo, sem ser avisado a respeito por sensações confusas de fome e de sede, pois efetivamente todas essas sensações de fome, sede, dor etc., são apenas certas maneiras confusas de pensar que provêm e dependem da união e como que da mescla do espírito ao corpo.

Ademais, a natureza revela-me que muitos outros corpos existem em torno do meu, alguns dos quais devem ser objeto de minha busca, enquanto de outros devo fugir. E, certamente, pelo fato de eu perceber sensorialmente espécies diferentes de cores, de cheiros, de sabores, de sons, de calor, de dureza etc., concluo muito positivamente que há nos corpos, dos quais procedem todas essas diversas percepções sensoriais, algumas variedades que lhes correspondem, ainda que talvez essas variedades efetivamente não se lhes assemelhem. E também, considerando que entre essas diversas percepções sensoriais, algumas me são agradáveis e outras desagradáveis, estou capacitado a tirar uma conclusão absolutamente certa de que meu corpo (ou melhor, eu próprio na totalidade enquanto composto de corpo e de alma) pode acolher diversos confortos ou desconfortos dos outros corpos que o cercam.

Mas há muitas outras coisas que me parece ter a natureza me revelado, as quais, todavia, não foi dela que verdadeiamente recebi, mas que se introduziram em meu espírito graças a certo hábito que tenho de julgar irrefletidamente[44] as coisas, do que resulta poder facilmente acontecer de conterem elas alguma falsidade, como por exemplo, minha opinião de que todo espaço no qual nada há que se mova e impressione meus sentidos seja vazio; de que em um corpo que é quente haja alguma coisa de semelhante à ideia do calor que está em mim; de que em um corpo branco ou negro haja a mesma brancura ou negrura que percebo sensorialmente; de que em um corpo amargo ou doce haja o mesmo gosto ou o mesmo sabor, e assim por diante no que respeita a outros; de que os astros, as torres e todos os outros corpos distantes sejam da mesma forma e magnitude que parecem de longe aos nossos olhos etc.

Mas para que nada haja nisso que eu não conceba distintamente, devo definir rigorosamente o que entendo propriamente ao dizer que a natureza me revela alguma coisa. Com efeito, tomo aqui a natureza em uma acepção mais restrita, do que quando a qualifico como um agregado ou um encadeamento de todas as coisas a mim concedidas por Deus, na medida em que esse agregado ou encadeamento compreende muitas coisas que pertencem exclusivamente ao espírito, às quais aqui não me refiro ao me referir à natureza, como por exemplo, a noção que tenho desta verdade, a saber, que o que foi feito uma vez não pode mais não ter sido feito, e uma miríade de outras semelhantes que conheço pela luz natural sem o auxílio do corpo, compreendendo também

44 *inconsidérément.*

ela muitas outras que pertencem exclusivamente ao corpo, e não estão aqui tampouco incluídas sob o nome de natureza: como a qualidade por ele detida de ser pesado, e muitas outras semelhantes, às quais também não me refiro, mas somente às coisas que Deus me concedeu, como sendo composto do espírito e do corpo. Ora, essa natureza ensina-me bem a fugir das coisas que produzem em mim a sensação de dor, e a me dirigir àquelas que me transmitem alguma sensação de prazer. Mas não vejo, além disso, ela ensinar-me que a partir dessas diversas percepções sensoriais devamos algum dia concluir algo no tocante às coisas que nos são externas sem que o espírito as tenha examinado cuidadosa e maduramente. Com efeito, cabe, parece-me, exclusivamente ao espírito e não ao composto espírito/corpo, conhecer a verdade dessas coisas.

Assim, ainda que uma estrela não impressione mais meu olho do que o fogo de uma pequena tocha, não há, todavia, em mim nenhuma faculdade real ou natural que me leve a crer não ser ela maior do que esse fogo, embora eu assim tenha julgado desde meus primeiros anos sem nenhum fundamento racional. E ainda que me aproximando do fogo eu sinta o calor, e mesmo que dele me aproximando demasiadamente experimente dor, não há, todavia, nenhuma razão capaz de persuadir-me de que há no fogo alguma coisa semelhante a esse calor, e tampouco a essa dor. Somente tenho razão para crer que nele há alguma coisa, qualquer que possa ser, que excita em mim essas sensações de calor ou de dor.

Do mesmo modo, também, ainda que haja espaços em que nada encontro que excite e estimule meus sentidos, não devo por isso concluir que esses espaços não contêm em si nenhum corpo. Vejo, porém, que tanto nisso como em várias outras coisas semelhantes, estou habituado a perverter e confundir a ordem da natureza, porque essas sensações ou percepções sensoriais tendo sido instaladas em mim apenas para indicar ao meu espírito quais coisas são convenientes ou prejudiciais ao composto do qual ele é parte, e até aí sendo bastante claras e bastante distintas, delas me sirvo, entretanto, como se fossem regras certíssimas pelas quais eu pudesse conhecer imediatamente a essência e a natureza dos corpos exteriores a mim, sobre o que, contudo, o que elas podem revelar-me não passa de sumamente obscuro e confuso.

Mas já examinei suficientemente antes como, a despeito da bondade soberana de Deus, acontece de haver falsidade nos juízos que faço desse modo. Apresenta-se somente ainda aqui uma dificuldade acerca das coisas que a natureza me ensina deverem ser acolhidas ou evitadas, e igualmente acerca dos sentimentos interiores que instalou em mim, pois me parece haver, às vezes, nela observado o erro e, assim, ser eu diretamente enganado por minha natureza. Por exemplo, o gosto agradável de alguma carne à qual foi misturado veneno pode convidar-me a ingerir esse veneno e, assim, me enganar. É verdade, contudo, que nisso a natureza pode ser desculpada, pois ela me leva tão só a desejar a carne na qual descubro um sabor agradável, e não a desejar o veneno, o qual lhe é desconhecido; resulta que disso não posso eu concluir outra coisa senão que minha natureza não conhece plena e universalmente todas as coisas, o que certamente não é de se admirar, uma vez que sendo o ser humano de uma natureza finita, também só pode ter um conhecimento de perfeição limitada.

Mas também nos enganamos muito frequentemente mesmo nas coisas às quais somos diretamente conduzidos pela natureza, como ocorre com os enfermos quando desejam beber ou comer coisas que podem prejudicá-los. Dir-se-á talvez aqui que a causa de seu engano é sua natureza estar corrompida, o que, entretanto, não elimina a dificuldade, pois um homem enfermo não é menos verdadeiramente uma criatura de Deus do que um homem que goza de plena saúde. E, portanto, repugna à bondade de Deus tanto ter ele uma natureza enganadora e falha quanto o outro. E como um relógio, composto de engrenagens e contrapesos, não observa menos exatamente todas as leis naturais quando é malfeito, e não indica bem as horas do que quando satisfaz inteiramente ao desejo do artesão, do mesmo modo também se considero o corpo humano como sendo uma máquina de tal modo construída e composta de ossos, nervos, músculos, veias, sangue e pele que ainda que não tivesse em si nenhum espírito não deixaria de mover-se de todas as mesmas maneiras que presentemente faz, quando não se move pela orientação de sua vontade nem, consequentemente, pelo auxílio do espírito, mas apenas pela disposição de seus órgãos, reconheço facilmente que seria igualmente natural a esse corpo (estando, por exemplo, hidrópico) sofrer de secura da garganta, o que costuma indicar ao espírito a sensação de sede e estar disposto por essa secura a mover seus nervos e suas outras partes do modo exigido para beber, e assim aumentar seu mal e prejudicar a si mesmo, o que lhe é natural quando não tem nenhuma indisposição quanto a ser levado a beber em prol de sua utilidade por uma semelhante secura da garganta. E ainda que, no que diz respeito ao uso ao qual foi destinado o relógio por aquele que o construiu, eu possa dizer que ele desvia-se de sua natureza quando não marca corretamente as horas, e que de idêntico modo, considerando a máquina do corpo humano como havendo sido formada por Deus para ter em si todos os movimentos que costumam nela existir, disponho de um motivo legítimo para pensar que ela não acata a ordem de sua natureza quando sua garganta está seca e que o beber prejudica sua conservação; reconheço, todavia, que essa última maneira de explicar a natureza muito difere da outra. Com efeito, esta não passa de uma simples denominação totalmente dependente de meu pensamento, que compara um homem enfermo e um relógio malfeito à ideia que tenho de um homem sadio e de um relógio bem-feito, e que nada indica a ser reconhecido na coisa em pauta; enquanto, pela outra maneira de explicar a natureza, entendo algo que verdadeiramente se encontra nas coisas e, portanto, que não é destituído de alguma verdade.

Certamente, porém, ainda que no tocante ao corpo hidrópico não passe de uma denominação exterior dizer que sua natureza está corrompida, porque sem necessitar beber ele não deixa de ter a garganta seca e árida, no tocante a todo o composto, isto é, o espírito ou a alma unida a esse corpo, não se trata de uma pura denominação, e sim de um verdadeiro erro natural, porque tem ele sede quando beber lhe é muito prejudicial; e, portanto, ainda resta examinar como a bondade de Deus não impede que a natureza humana, entendida desse modo, seja falha e enganadora.

Para principiar, então, esse exame, reparo aqui primeiramente que há uma grande diferença entre o espírito e o corpo que consiste em que o corpo, por sua natureza, é sempre divisível e o espírito inteiramente indivisível. Pois efetivamente quando considero meu espírito, isto é, eu mesmo enquanto sou somente uma coisa que pensa[45], não posso nele distinguir nenhuma parte, concebendo-me, porém, como uma coisa única e íntegra. E ainda que todo o espírito pareça estar unido a todo o corpo, todavia, um pé, ou um braço, ou qualquer outra parte sendo separada de meu corpo, é certo que por isso de meu espírito nada será retirado. E não se pode dizer propriamente das faculdades volitiva, de sentir, de conceber etc., que são suas partes, pois o mesmo espírito dedica-se na sua totalidade a querer, e também na sua totalidade a sentir, a conceber etc. Mas é completamente o contrário nas coisas corpóreas ou extensas, porque não há entre elas uma que eu facilmente não decomponha por meio de meu pensamento, que meu espírito não divida com suma facilidade em diversas partes e, consequentemente, que eu não saiba ser divisível, o que bastaria para me revelar que o espírito ou alma do ser humano é inteiramente diferente do corpo se já não o houvesse, ademais, aprendido o suficiente de alhures.

---

45 *c'est-à-dire moi-même en tant que je suis seulement une chose qui pense.*

Reparo também que o espírito não recebe imediatamente a impressão de todas as partes do corpo, mas apenas do cérebro, ou talvez mesmo de uma de suas partes menores, nomeadamente daquela onde é exercida essa faculdade que chamam de senso comum, a qual, sempre que é disposta da mesma maneira leva o espírito a experimentar a mesma coisa, embora, contudo, as outras partes do corpo possam ser diversamente dispostas, como o testemunha uma miríade de experiências que aqui não é necessário expor.

Reparo, além disso, que a natureza do corpo é tal que nenhuma de suas partes pode ser posta em movimento por outra parte um pouco distanciada que não o possa ser também do mesmo modo por cada uma das partes que estão entre duas, ainda que essa parte mais distanciada não atue. Por exemplo, na corda A B C D que está totalmente esticada, se acontecer de puxarmos e deslocarmos a última parte D, a primeira A não será deslocada de outro modo que a possamos também fazer mover-se se puxarmos uma das partes medianas B ou C, e que a última D permanecesse, entretanto, imóvel. E, da mesma maneira, quando experimento dor no pé, a física me ensina que essa sensação é transmitida por meio dos nervos distribuídos no pé, que se encontrando estendidos como cordas desse ponto até o cérebro, quando são puxados no pé puxam também simultaneamente o local do cérebro de onde procedem e ao qual chegam, e aí provocam certo movimento criado pela natureza para fazer com o que o espírito experimente a dor como se essa dor fosse no pé. Entretanto, uma vez que esses nervos devem passar pela perna, pela coxa, pela região lombar, pelas costas e pelo pescoço, para se estenderem do pé até o cérebro, pode ocorrer de, ainda que suas extremidades localizadas no pé não sejam deslocadas, mas tão só algumas de suas partes que passam pela região lombar ou pelo pescoço, isso, entretanto, estimular os mesmos movimentos no cérebro, que poderiam ser aí estimulados por um ferimento recebido no pé, em decorrência do que será necessário que o espírito experimente no pé a mesma dor que se houvesse aí sido ferido. E é preciso julgar algo semelhante no que respeita a todas as outras percepções de nossos sentidos.

Enfim, reparo que uma vez que de todos os movimentos que se produzem na parte do cérebro onde o espírito recebe a impressão imediatamente, cada um deles causa apenas certa sensação, em relação a isso nada se pode desejar nem imaginar de melhor senão que esse movimento faça o espírito experimentar, entre todas as sensações que é capaz de causar, aquela que é a mais própria e a mais ordinariamente útil à conservação do corpo humano quando este goza de plena saúde. Ora, a experiência nos mostra que todas as sensações que a natureza nos concedeu são como acabei de dizer e, portanto, nelas nada se encontra que não faça aparecer o poder e a bondade de Deus que as produziu.

Desse modo, por exemplo, quando os nervos localizados no pé são fortemente deslocados, e mais do que ordinariamente, seu movimento, passando pela medula espinhal das costas até o cérebro, produz uma impressão no espírito que o faz experimentar algo, nomeadamente a dor, como sendo no pé, pela qual o espírito é avisado e estimulado a fazer tudo que lhe é possível para dele suprimir a causa como muito perigosa e nociva ao pé.

É verdade que Deus poderia estabelecer a natureza humana de tal forma que esse mesmo movimento no cérebro levasse o espírito a sentir algo completamente diferente: por exemplo, que se fizesse sentir ele próprio, ou enquanto presente no cérebro, ou enquanto presente no pé, ou então enquanto presente em qualquer outro lugar entre o pé e o cérebro, ou, enfim, qualquer outra coisa que possa ser. Mas nada de tudo isso teria contribuído tão bem para a conservação do corpo quanto aquilo que o faz sentir.

Do mesmo modo, quando necessitamos beber, disso se origina certa secura na garganta que move seus nervos e, por seu intermédio, as partes internas do cérebro; e esse movimento faz o espírito experimentar a sensação de sede, porque nessa ocasião nada há que nos seja mais útil do que saber que necessitamos beber para a conservação de nossa saúde – e assim no que se refere às outras coisas.

Disso resulta inteiramente evidente que a despeito da soberana bondade de Deus, a natureza do ser humano, em sendo composto o ser humano de espírito e corpo, não pode deixar de ser, às vezes, falha e enganadora.

Com efeito, se há alguma causa estimuladora não no pé, mas em alguma das partes do nervo que está retesado do pé ao cérebro, ou mesmo no cérebro, o mesmo movimento que se produz ordinariamente quando o pé está maldisposto, a dor será sentida como se fosse no pé, e o sentido será naturalmente enganado, isto porque um mesmo movimento no cérebro só podendo produzir no espírito uma mesma sensação, e esta sensação sendo muito mais frequentemente provocada por uma causa que fere o pé do que por uma outra que esteja em outro lugar, é muito mais razoável que ele transmita ao espírito a dor do pé do que a de alguma outra parte. E ainda que a secura da garganta não se origine sempre, como ordinariamente, do fato de o beber ser necessário à saúde do corpo, mas, por vezes, de uma causa totalmente oposta, como experimentam os hidrópicos, é, todavia, muito melhor que ela engane naquela primeira circunstância do que se, ao contrário, enganasse sempre que o corpo está bem-disposto; e assim nos demais casos.

E decerto essa consideração serve-me muito, não só para reconhecer todos os erros aos quais minha natureza está sujeita como também para evitá-los, ou para corrigi-los com maior facilidade, pois ciente de que todos meus sentidos indicam-me mais ordinariamente o verdadeiro do que o falso no tocante às coisas que respeitam aos confortos ou desconfortos do corpo, e podendo quase sempre servir-me de mais de um entre eles para o exame de uma mesma coisa e, além disso, podendo empregar minha memória para vincular e unir os conhecimentos presentes aos pretéritos, e meu entendimento que já descobriu todas as causas de meus erros, não devo mais temer doravante deparar com falsidade nas coisas que me são o mais ordinariamente representadas por meus sentidos. E devo rejeitar todas as dúvidas destes últimos dias como hiperbólicas e ridículas, particularmente essa incerteza tão geral com referência ao sono que eu não podia distinguir da vigília, pois agora aí encontro uma diferença muito notável, que consiste em que nossa memória não pode jamais vincular e unir nossos sonhos uns aos outros e com toda a sequência de nossa vida, como ela costumeiramente une as coisas que nos acontecem estando nós despertos. E, efetivamente, se alguém, quando desperto, a mim aparecesse de súbito e desaparecesse do mesmo modo, como fazem as imagens que vejo dormindo, de modo a me impossibilitar reparar nem de onde viria, nem aonde iria, não seria sem razão que eu o consideraria um espectro ou um fantasma formado em meu cérebro, e similar àqueles que aí se formam quando durmo, e não um homem de verdade. Quando, porém, percebo coisas de que conheço distintamente o lugar de sua origem, e aquele onde estão, e o tempo no qual me aparecem, e que, sem nenhuma interrupção, posso vincular a sensação que tenho delas com a sequência do resto de minha vida, estou inteiramente seguro de que as percebo em vigília e não no sono. E não devo de modo algum duvidar da verdade dessas coisas se após haver convocado todos os meus sentidos, minha memória e meu entendimento para examiná-las, nada me é informado por algum deles que seja incompatível com o que me é informado pelos outros. Com efeito, de não ser Deus enganador resulta necessariamente não ser eu nisso enganado.

Mas porque a necessidade das ocupações obriga-nos frequentemente a nos determinarmos, antes de dispormos de ócio para examiná-las cuidadosamente, é preciso admitir que a vida humana está sujeita ao erro sumamente frequente nas coisas particulares e, enfim, é preciso reconhecer a imperfeição[46] e a fraqueza de nossa natureza.

---

46 *infirmité.*

Este livro foi impresso pela Gráfica PlenaPrint
em fonte Libre Baskerville
sobre papel Pólen Bold 90 g/m²
para a Edipro.